AF568810

LUTHER-
VERLAG

JOACHIM GERHARDT

Hirtenkäse und Knäckebrot

66 SONNTAGSWORTE
FÜR DEN ALLTAG

LUTHER-VERLAG

EIN WORT ZUVOR

Ein Wort – ein Trost, ein Wort – ein Zuspruch, ein Wort – ein Segen. Man muss nicht viele Worte machen, um Menschen zu berühren. Jesus hat das auf seinen Wegen durchs Leben vorgemacht. „Steh auf, nimm dein Bett und geh" sagt er dem Gelähmten (Johannes-Evangelium Kapitel 5). Und das nicht mit einer langen Predigt im Tempel, sondern mitten im Alltag.

In den Alltag gehört diese Sammlung von „Worten zum Sonntag". Kurzandachten, alle erschienen in der Kölnischen/Bonner Rundschau. Sie mussten sich behaupten im Stammteil dieser traditionsreichen Tageszeitung zwischen großer Politik und reichlich bunten Weltnachrichten. Jedes Jahr neu immer samstags von Neujahr bis Silvester. Eine Herausforderung für einen geistlichen Text und zugleich genau der richtige Platz für die frohe Botschaft des Glaubens.

Ich danke dem Luther-Verlag für sein Interesse an diesem Projekt, aus inzwischen mehr als 350 Andachten die persönliche Auswahl einer neuen Öffentlichkeit anzubieten. Ich danke meinem journalistischen Ziehvater K. Rüdiger Durth, der am Jahresübergang überraschend verstorben ist, dass er mir diese in der bundesdeutschen Zeitungslandschaft ziemlich einzigartige Rubrik vor fast 20 Jahren in die Feder übergeben hat.

Zu jedem Text habe ich ein Foto gestellt. Einige Fotos sind gemeinsam mit den Texten entstanden – Geschichten brauchen gute Bilder. Das ist ein journalistischer Grundsatz.

Vielleicht entdecken Sie den Geist, der Bild und Text verbindet, auch wenn der manchmal erst auf den zweiten Blick zu erkennen ist.

Das „Wort zum Sonntag" ist eine gute Nachricht zwischen all den unterschiedlichen Tagesnachrichten. Ein Mutmach-Wort zum Leben. Es bricht bewusst mit mancher Erwartung und Erfahrung. Das war und ist für mich der besondere Reiz dieses Formats. Das Leben kann eben auch ganz anders sein.

„Steh auf, nimm Dein Bett und geh" sagt Jesus dem Gelähmten. Und der steht auf und geht zurück ins Leben. Ein Wunder. Worte verändern unser Leben. Schön, wenn das auch bei Ihnen in dem einen oder anderen Fall gelingt. Ich freue mich, wenn ich Sie mit meinen Gedanken berühre. Doch noch schöner:

Berühren auch Sie andere Menschen mit ihrem Wort. So viele warten darauf ...

Bonn, im Juli 2021 | *Joachim Gerhardt*

INHALT

Lachen: der liebe Gott hat es jedem von uns ins Gesicht geschrieben, ich bin mir sicher.

GOTT LACHTE

Haben Sie zum Jahresbeginn gefeiert? Und gab es dabei auch etwas zu lachen? Ich hoffe sehr. Lachen ist lebenswichtig. Auch in der Bibel wird gelacht. Man muss die Stellen zwar ein wenig suchen, aber die Nachforschungen lohnen.

Schon im ersten Buch der Bibel wird von Abraham und Sarah erzählt, wie sie herzlich lachen. Jeder für sich, er direkt vor Gottes Angesicht, sie eher leise im Verborgenen.

Die ganze Geschichte ist zum Schmunzeln. Denn es geht um etwas Unglaubliches. Die beiden sollen noch einmal Nachwuchs bekommen. Abraham ist 100 Jahre alt, seine Frau Sarah 90.

Bei Gott ist halt nichts unmöglich. Aber so ganz geglaubt haben sie nicht, was ihnen da prophezeit wurde.

Lachen aus Ungläubigkeit. Lachen aus dem Zweifel, das kann doch alles gar nicht wahr sein! Auch das gibt es in der Bibel. Doch wenn Menschen lachen, schwingt die Hoffnung mit, dass die Welt nicht so bleiben muss, wie sie ist. Das ist das Befreiende am Lachen und das haben Sarah und Abraham ebenfalls gespürt.

In der Alten Kirche und im Mittelalter gab es in den Klöstern eine Strömung, das Lachen aus der Kirche zu verbannen. Christus hat nicht gelacht, tun wir es auch nicht, war die Botschaft. Ein theologischer Holzweg. Ich glaube, dass der, der Wasser in Wein verwandeln kann und dieser Wein sogar noch besser schmeckt als der zuvor servierte, wirklich Witz hat. „Selig seid ihr, die ihr jetzt weint, denn ihr werdet lachen" (Lukas Kapitel 6, Vers 21), waren seine Worte. Und er hat viel von fröhlichen Festmahlen erzählt und sie selbst munter gefeiert, vorzugsweise mit Zöllnern und Sündern. Frohe Botschaft allen, die sie hören wollen!

Gefeiert haben Abraham und Sarah auch. Gott hat sie für ihr ungläubiges Lachen gerade nicht bestraft. Er hat sie vielmehr reich beschenkt. Und zwar genau mit dem, was sie für unmöglich erklärt hatten. Sie bekamen noch einen Sohn. Isaak sein Name. Das heißt übersetzt „Gott lachte!" Und Sarah sprach erlöst: „Gott ließ mich lachen und jeder, der davon hörte, wird es mit mir tun."

GUTE VORSÄTZE ÜBER BORD?

Was machen Ihre guten Vorsätze fürs neue Jahr? Meine drohen leider, bereits eine Woche nach Silvester, über Bord zu gehen. Dem Alltagsstress mit mehr innerer Ruhe zu begegnen, hatte ich mir vorgenommen. Mehr Gelassenheit zu üben. – Alles schon vorbei?

Das Wort „Über Bord werfen“ kommt aus der Seefahrergeschichte und erzählt von großer Not: Wenn Schiffe früher wegen hoher Wellen nicht mehr manövrierfähig waren oder bei Flaute zu schwerfällig wurden, warf die Mannschaft die schwerste Fracht ins Meer. Die Ladung war Ballast geworden.

Das passt nicht ganz zu meiner Situation und den guten Vorsätzen. Die Not war in den jüngsten zwei Wochen nämlich noch nicht sehr groß. Im Alltagsozean scheint mir vielmehr der Mut zu fehlen, mich wirklich auf Veränderndes und Neues einzulassen.

Die evangelische Kirche pflegt seit Langem eine Art Qualitätssiegel für die Seekiste, in die wir unsere guten Vorsätze verpacken. Es ist die „Jahreslosung“, ein Bibelvers, der einen über die zwölf Monate begleiten soll. Jedes Jahr neu trifft dieser Vers mein Herz, wenn Gott einem Mut zuspricht durch Worte wie „Siehe, ich will ein Neues schaffen, jetzt wächst es auf, erkennt ihr's denn nicht?“ (Jesaja Kapitel 43, Vers 19)

Wirf deine guten Vorsätze nicht vorschnell über Bord, erinnert mich die Losung. Hab Vertrauen, dass im Leben Veränderungen möglich sind und dass in Gottes Namen sogar Gutes daraus wächst. Gerade auch, wenn du nicht damit rechnest. Auch, wenn vom Ausblick deines Lebensmastes gerade kein neues Land in Sicht ist.

Neues wachsen lassen mit Vertrauen auf die Zukunft. Die Worte der Bibel sind so alt, manche rund 2500 Jahre, und doch so treffend aktuell.

Wo geht es hin dieses Jahr? Ein paar Tage sind schon um – gut, noch mal kurz Richtung und Kurs zu schärfen.

Begegnung mit der „Liebe Gottes“ sind in der Regel sehr menschlich. Hier eine Szene aus der berühmten Johannespassion von Johann Sebastian Bach in einer Inszenierung in der Bonner Kreuzkirche.

SANFTMUT

Er ist mein Lieblingsvers aus der Bergpredigt. „Selig sind die Sanftmütigen“, spricht Jesus in seiner wohl wichtigsten Predigt zu seinen Jüngern. Im alten Orient galt Sanftmut als eine Königstugend. Das heißt, wer sanftmütig war, war ein guter Herrscher und hatte zu Recht Macht und Einfluss über die Leute.

Was bedeutet eigentlich Sanftmut? Milde, würde ich sagen, Behutsamkeit. Im Griechischen – in dieser Sprache ist uns das Jesuswort im Matthäus-Evangelium (Kapitel 5, Vers 5) überliefert – kann das Wort auch Pflanzen beschreiben: Milde Pflanzen sind solche, die Heilwirkung besitzen. Sanftmut ist also nicht nur eine Charaktereigenschaft, sie hat auch einen Nutzen. Sie tut mir oder anderen Menschen gut. Sie ist ein Mittel gegen Krankheiten, also das, was den Menschen kaputt macht. Jähzorn, Rachsucht gelten nicht zufällig als Gegenbegriffe von Sanftmut.

Im Deutschen setzt sich das Wort aus zwei Teilen zusammen: Sanft und Mut. Es geht also nicht nur um Milde und Zurückhaltung. Es geht auch um Mut, genauso zu handeln, auch wenn die Welt um einen herum es genau anders lehrt und praktiziert. Jesus hat das vorgelebt.

Es ist leider so: Sanftmut ist uns nicht in die Wiege gelegt. Sie gehört nicht zur Grundausstattung des Menschen. Wir müssen ihre Wirkung auf uns und andere Menschen erst ausprobieren, erst lernen. Darum hat Jesus sie immer wieder gepredigt. Und es gilt: Übung macht den Meister.

Manchmal muss man sich vielleicht sogar zwingen, sanftmütig zu sein, auf die Zähne zu beißen, denn man könnte ja auch ganz anders ... – Das Zähnezubeißen sollte aber bitte kein Dauerzustand sein. Für Jesus ist Sanftmut eine Lebenshaltung, die selig macht. Und sie ist verbunden mit einem großen Versprechen, dass sich diese Haltung noch hier auf Erden auszahlt: „Selig sind die Sanftmütigen, denn sie werden das Erdreich besitzen.“

SCHÖNHEITSTIPPS

Wahre Schönheit kommt von innen, heißt es. Der Satz stammt nicht aus der Bibel, hat aber etwas zutiefst Christliches. Denn da, wo der Mensch nur sieht, was vor Augen ist, da sieht Gott das Herz an, heißt es im Alten Testament (1. Samuel Kapitel 16, Vers 7). Jesus würde sagen: Wie wir unser Herz kleiden, das hat entscheidend Bedeutung dafür, wie wir äußerlich wirken. Und darum sind aus seiner Sicht alle Menschen von selig zu preisender Schönheit, denen es gelingt, ihre inneren Werte äußerlich zu zeigen.

Der Jahresbeginn ist ein guter Anlass, sich neu zu präsentieren. Zeigen Sie, was Sie haben! Die Hollywood-Schauspielerin Audrey Hepburn, Stilikone ihrer Zeit („Frühstück bei Tiffany", die Junggebliebenen erinnern sich) hat sich Gedanken gemacht, was einen wirklich schön macht. Fünf Tipps hat sie ihrer modeinteressierten Nachwelt überlassen. Sie sind es wert, in einem „Wort zum Sonntag" genannt zu werden:

1. Wenn Du schöne Lippen haben möchtest, sprich freundliche Worte.
2. Wenn Du leuchtende Augen möchtest, suche das Glück in den Mitmenschen.
3. Wenn Du schlank sein möchtest, teile Dein Brot mit den Armen.
4. Wenn Du schönes Haar haben möchtest, lass einmal am Tag ein Kind damit spielen.
5. Wenn Du einen aufrechten Gang haben möchtest, geh in dem Bewusstsein, dass Du nie allein sein wirst.

Erstaunlich hat der in Modedingen wohl kaum so versierte Apostel Paulus schon vor fast 2000 Jahren seinen Mitmenschen ganz ähnlich empfohlen: „Zieht an als die Auserwählten Gottes, als die Heiligen und die Geliebten, herzliches Erbarmen, Freundlichkeit, Demut, Sanftmut, Geduld" (Kolosserbrief Kapitel 3, Vers 12) – die sogenannte Kleiderordnung Gottes.

Wahre Schönheit kommt also von innen. Sie kann man nicht kaufen, sie kann man nur leben. Was Ihnen jetzt genau steht, das müssen Sie schon selbst anprobieren. Aber eines sollte uns ermutigen und ist von A. Hepburn bestätigt: Diese Schönheitstipps wirken – garantiert.

Jeder Mensch kann zu einem Engel werden, und das ist keine große Kunst, auch wenn dieses Bild in einem Museum (Kolumba Köln) entstanden ist. Es geht nur darum, die eigene Schönheit zum Strahlen zu bringen – und damit nicht nur sich, sondern vor allem andere in ein gutes Licht zu tauchen.

LEBENSBILDER

Sie sind Skilaufen, Vater und Sohn wie mir scheint: Benjamin und Beniamin Cukierman, ihre Namen stehen unter dem Foto. Der eine mit j, der andere mit i.

Es könnte Oberjoch im Allgäu sein, da, wo auch ich als Kind mit meinen Eltern Skilaufen gelernt habe. Ich meine den Skihang und die Berge hinter den strahlenden Gesichtern der beiden wiederzuerkennen.

Unzählige Bilder finden sich auf dieser Wand: Hochzeitsfotos, ein kleines Kind, wenige Monate alt, auf einem Flokati, Urlaubsschnappschüsse vom Baden im See – alle unbeschwert, fröhlich, manchmal geradezu zärtlich. Viele sind mit den Namen der Personen gekennzeichnet, manche sogar mit ein wenig Familiengeschichte.

Die Bilder wurden in Koffern gefunden. Die Menschen hatten sie mit ihrem letzten Hab und Gut mitgebracht, hier nach Auschwitz-Birkenau. Sie hängen jetzt dort, wo einst die Gaskammern waren. Die Nazis wollten die Erinnerung unwiderruflich auslöschen. Nun bekommen einige der 1,1 Millionen Menschen, die hier auf unvorstellbare Weise umgebracht wurden, wieder ein Gesicht, einen Namen. Nicht Nummern wurden hier vergast und verbrannt, sondern Menschen, so wie ich. Voller Lebensglück, Pläne und Hoffnungen. Ich überlege: Welche Fotos hätte ich in meinen letzten Koffer gepackt? Die Wand lässt einen urplötzlich spüren, was im Leben wirklich wichtig ist.

Ich denke an den Propheten Jesaja im Alten Testament: „Gott spricht: Ich habe dich bei deinem Namen gerufen, du bist mein.“ Vielleicht ist diese Wand auch ein Zeichen dafür, dass das Wort Gottes, nach dem so viele an diesem Ort vergeblich riefen, doch gilt: Jeder Mensch ist einzigartig wertvoll, trägt einen Namen. Keiner ist vergessen, zumindest bei Gott. Und im Kern dieser lebendigen Erinnerung höre ich die Botschaft: Dass, was Menschen hier anderen angetan haben, das darf sich niemals wiederholen!

Familienfotos als letzte Erinnerung auf dem Weg in den Tod: eine Schülerin an der Fotowand in der Gedenkstätte im ehemaligen Vernichtungslager Auschwitz-Birkenau. Hier geht keiner unberührt vorbei.

VON GUTEN MÄCHTEN

Es gibt Worte, die einen ein Leben lang begleiten. Dazu gehören für mich „Von guten Mächten wunderbar geborgen / erwarten wir getrost was kommen mag. / Gott ist mit uns am Abend und am Morgen / und ganz gewiss an jedem neuen Tag."

Der Pfarrer Dietrich Bonhoeffer schrieb dieses Gedicht zum Jahreswechsel 1944/45 in der Berliner Gestapo-Haft an seine Verlobte und Familie. Es ist der letzte von ihm erhaltene theologische Text. Bonhoeffer zählte zum Widerstand gegen den Nationalsozialismus und setzte sich – als einer der wenigen Theologen seiner Zeit – auch entschieden für die Juden ein. Gleich im Frühjahr 1933, nach der Machtergreifung Hitlers, machte er in einem Vortrag „Die Kirche vor der Judenfrage" deutlich: Christen dürften im Widerstand gegen Unrecht nicht nur „die Opfer unter dem Rad verbinden", sondern sollten „dem Rad in die Speichen fallen"!

Der evangelische Theologe ist für mich eines der stärksten Vorbilder, wie Glauben, Weltverantwortung und Mitmenschlichkeit zusammengehören. „Lass warm und hell die Kerzen heute flammen, / die du in unsre Dunkelheit gebracht, / führ, wenn es sein kann, wieder uns zusammen. / Wir wissen es, dein Licht scheint in der Nacht." Bonhoeffer hatte den Tod vor Augen, als er diese Verse schrieb. Unglaublich, welche Zuversicht, welche innere Freiheit Menschen aus dem Glauben schöpfen können, und die Kraft, diese Zuversicht mit anderen zu teilen.

Wir denken an Bonhoeffers Geburtstag (4. Februar 1906). In der Morgendämmerung des 9. April 1945 wurde er im bayerischen KZ Flossenbürg von den Nazis erhängt. Seine Worte bleiben lebendig. „Noch will das alte unsre Herzen quälen, / noch drückt uns böser Tage schwere Last. / Ach Herr, gib unsern aufgeschreckten Seelen / das Heil, für das du uns geschaffen hast."

„Lass warm und hell die Kerzen heute flammen ...“: Dietrich Bonhoeffers Worte wärmen einem immer wieder das Herz und geben Zuversicht gerade in schwerer Zeit, wie hier in der Kapelle des Universitätsklinikums Bonn.

Suchbild: unwirtlich und faszinierend zugleich, die Welt der Arktis – und der Eisbär ist auch nicht fern.

„UNSER TÄGLICH SEEHUND“

Die Kirchenchronik mit bemerkenswerten Gedenktagen weist für diese Tage ein ungewöhnliches Datum aus: „1729: Erste Taufe in Grönland“. Ist das ein Ereignis großer Bedeutung? Schon ahnt man eine weitere Episode höchst fragwürdiger christlicher Missionsgeschichte.

Doch es war anders: Im Mittelpunkt steht der norwegische Pfarrer Hans Egede. Der Protestant reiste 1721 auf die sagenumwobene grüne Insel (daher der Name Grönland). Er wollte die dort siedelnden Wikinger, zu denen der Kontakt über die eisige See abgebrochen war, in ihrem christlichen Glauben bestärken und alte Gemeinschaft wiederbeleben.

Der Pfarrer landete an der Westküste, fand aber keine Wikinger. Dafür die Ureinwohner der Arktis, die Inuit. Egede war fasziniert von deren Kultur und Fähigkeit, in dieser unwirtlichen Umgebung zu bestehen. Die Inuit begegneten dem frommen, unbekannten Mann aus dem Süden mit Interesse. Und sie verbanden dessen Glauben an den jeden Menschen schützenden und rettenden Christengott gerne mit ihren nordischen Vorstellungen von Gottheit und Erlösung. Gute Mächte sind im Eissturm halt immer willkommen.

Hans Egede erlernte die Sprache seiner Gastgeber und übersetzte zentrale christliche Texte ins Grönländische. Nicht ohne Fantasie und Freiheit: So hieß es im Vaterunser nicht mehr „Unser täglich Brot gib uns heute“ – was für die Inuit völlig unverständlich war, sie kannten kein Brot – sondern „unseren täglichen Seehund gib uns heute“.

Pfarrer Egede wurde zum „Nationalheiligen“ Grönlands. Ob er wirklich umfassend als Heiliger taugt, mag ich nicht zu beurteilen. Doch er steht für die Einsicht, dass sich eigene Überzeugungen, dass sich der Glaube nicht durch Gewalt, Überheblichkeit oder Selbstgerechtigkeit verbreitet, sondern durch Demut und die Bereitschaft, sich wirklich auf andere Menschen einzulassen. Ein guter Grund auch heute, an diesen Mann zu erinnern.

Auf einmal steht es mir direkt Auge in Auge gegenüber. Hochalpine Begegnung mit einem schwarzen Schaf, die fragen lässt: Wo kommt das Tier eigentlich her, und warum ist es schwarz?

DAS SCHWARZE SCHAF

Woher kommt das schwarze Schaf? Aus der Bibel, könnte man denken. Stimmt aber nicht. Auch wenn es dort von Schafen nur so wimmelt.

Die Redewendung stammt aus dem Hirtenleben. Denn dort gibt es immer wieder Schafe mit schwarzer Wolle. Und die Tiere sind weniger wert, weil man ihre dunkle Wolle nicht einfärben kann. Und so ist das „Schwarze Schaf" zum Inbegriff für den Sündenbock und Außenseiter geworden.

Entsprechend schreibt der Duden: „Schwarzes Schaf bezeichnet jemanden, der sich von den anderen Mitgliedern einer Gemeinschaft (besonders einer Familie) negativ unterscheidet." Das allerdings ist nicht ganz korrekt, finde ich. Denn es ist ja nicht das Schaf selbst, das sich unterscheidet, sondern der Hirte fällt das Urteil. Ein großer Unterschied.

Ich habe den Eindruck: Jeder Mensch braucht ein schwarzes Schaf, damit er sich selbst schön weiß sehen kann. Zumindest fällt auf, dass es überall dort, wo Menschen zusammenleben und zusammenarbeiten, mindestens ein solches Tier gibt. Und wenn dieses Schaf irgendwann in die Wüste geschickt wird, kommt auf einmal ganz plötzlich wieder ein neues daher.

Jesus, der so gerne in Bildern von Schafen und Hirten spricht, macht dagegen deutlich: Bei Gott gibt es keine schwarzen Schafe. Gott ist in dieser Hinsicht farbenblind. Alle sind ihm gleich wichtig. Wenn er überhaupt unterscheidet, dann geht es ihm um die, die den Weg verloren haben, aus der Herde verstoßen wurden, auf der Strecke geblieben sind.

Darum erzählt Jesus ein Gleichnis nicht vom schwarzen, sondern vom verlorenen Schaf. Von dem Schaf, das der Hirte zurückholen will, auch wenn er dazu die ganze Herde alleine lassen muss.

Und gerade diesem Schaf gilt einer der wunderschönsten Zusagen der Bibel aus Psalm 23: „Der Herr ist mein Hirte, mir wird nichts mangeln. Er weidet mich auf einer grünen Aue und führet mich zum frischen Wasser." – Ob schwarz oder weiß, das hat dabei keine Bedeutung.

WEITSICHT

„Konkurrenz belebt das Geschäft", heißt es. Das mag in der Geschäftswelt Sinn machen. Nicht aber in der Familie und unter Freunden. Denn die Frage, wer ist schöner, reicher oder erfolgreicher, erzeugt hier vor allem Streit und Leid.

Die Bibel, ein Buch voller Geschichten auch über den Menschen, erzählt davon erstaunlich oft: von den Brüdern Kain und Abel, von denen der erste beim Kampf um Anerkennung den zweiten erschlägt, von Jakob und Esau, den beiden Brüdern, die um das Erbe des Vaters eifern, von Maria und Martha, den Schwestern, die beide, jede auf ihre Art, um die Nähe zu Jesus ringen.

Auffällig ist bei fast allen Streitgeschichten der Bibel: Es sind Familiengeschichten. Ist das überraschend? Wohl kaum. Wo Menschen sich genau kennen, wissen sie auch genau, wie man sich am besten verletztten kann.

Nun ist die Bibel auch ein Buch über Gott. Und da fällt auf: Gott steht beim Streit zwischen Menschen immer irgendwie auf beiden Seiten. Ich weiß nicht, wie er das macht, aber das erscheint mir als ein wichtiger Hinweis: Keine Seite, keine Partei, keine Position hat die einzige, die letzte Wahrheit. Neid und Missgunst, Konkurrenz und Selbstgerechtigkeit verschärfen Konflikte und machen am Ende keinen glücklich. Mein Seelenheil, biblisch gesprochen, gewinne ich viel mehr durch Gelassenheit und Lebensfreude. Also die Freude, die sich an dem freut, was man hat, und nicht an dem, was man will.

Es ist diese Kunst zum Verzicht, von der ich in der Bibel lese, und die Voraussetzung ist, dass Menschen tiefgehende Streitigkeiten überwinden können. Das ist nicht ein Billiges „Der Klügere gibt eben nach". Das ist eine geistliche Tugend, die Weitsicht lehrt.

Ich wünsche sie mir in meiner Familie, auch im Verhältnis zwischen den Kirchen und Religionen. Ich wünsche sie mir in der Politik und unserer Gesellschaft, überall dort, wo zwischen Menschen vor allem eines herrscht: Konkurrenz.

Wäre das Foto ein Film, würde der Schriftzug laufend wieder verschwinden: Das „WIR“ muss immer wieder neu entstehen. Ein Kunstwerk mit Appellcharakter aus dem Bauhaus-Museum in Weimar.

FEIERN UND FASTEN

Karneval ist die fröhliche Einstimmung auf die Passions- und Fastenzeit. Ab Aschermittwoch soll es sieben Wochen stiller und bedächtiger, bewusster und maßhaltender zugehen.

Zuvor ist der Mensch nun eingeladen, noch einmal auf die sprichwörtliche Pauke zu hauen. Daher auch der Name „Karneval" von Lateinisch „carne levare", Fleisch wegnehmen. Denn beides gehört zusammen: Feiern und Fasten. Ohne Feiern kein Fasten. Und umgekehrt gilt das auch. Ohne Fasten kein Feiern. Erst in diesem Zweiklang entfaltet jede Zeit ihren besonderen Klang.

Jesus selbst hat das auch so gelebt. Er suchte immer wieder Auszeiten, ging zum Beispiel 40 Tage in die Wüste, um Abstand zu gewinnen von den vielen Erwartungen, die auf ihn einstürmten. Auf der anderen Seite erzählt die Bibel auffallend viele Feiergeschichten von und mit Jesus. Immer wieder dreht es sich dabei auch ums Essen. Jesus lässt sich gerne einladen, tafelt reichhaltig und oft mit Sündern und Zöllnern.

Jedes Essen ist ein kleines Fest und manches Mahl gerät gar zu einer öffentlichen Demonstration wie die Speisung der 5000. Sie wird zu einem Fest gegen Kleingläubigkeit. Das klappt doch sowieso nicht, dachten sie alle. Fünf Brote und zwei Fische sollen uns satt machen? Nie im Leben! – Der Witz: Am Ende bleiben sogar noch Körbe voll übrig. Die Botschaft Jesu lautet: Da wo wir aus vollem Herzen teilen, ist das Leben zwar nicht berechenbar, aber alle werden satt!

Karneval feiert das Leben. Und das Leben speist sich ganz wesentlich aus Gemeinschaft und zumindest der Ahnung: Mein Leben hält mehr für mich bereit, als ich das in meiner oft kleinen Seele glauben kann. Auch darum ist Karneval ein geistliches Fest.

Alaaf oder Helau, je nach Region! Nasen auf und rein in den Karneval. Er ist auch ein geistliches Fest als Einstieg in die Passions- und Fastenzeit. Da darf auch der Teufel nicht fehlen.

Vielleicht ist das mit dem Geld auch überwertet. Wobei, der Reformator Martin Luther würde sagen: Es ist entscheidend, für was wir das Geld einsetzen.

GELD WEG!

Geldautomaten haben eine Seele. Zumindest sind sie so programmiert. Ich hatte Geld gezogen, zumindest dachte ich das, die EC-Karte wieder ins Portemonnaie gepackt und war abgerauscht ...

Stunden später. Ich suchte mein Geld. Es war nicht da. Zurück zur Bank. Wie peinlich. Hatte ich es dort verloren?

Nein. Ich hatte es gar nicht abgehoben. „Der Automat zieht das Geld, wenn es nicht herausgenommen wird, nach einem kurzen Augenblick wieder ein und schreibt es Ihrem Konto gut", erklärte mir die freundliche Bankangestellte. „Sie sind auch nicht der einzige, dem das passiert", ergänzte sie noch mit einem verständnisvollen Lächeln. „Da waren Sie wohl mit ihren Gedanken schon ganz woanders."

Stimmt. Und genau das ist mein Problem. Wer seinem Leben immer schon drei Schritte gedanklich voraus ist, muss irgendwann gegen die Wand laufen. Also mal schön drei Schritte zurück.

Die Passions- und Fastenzeit lädt einen genau dazu ein. Entschleunigung heißt das Zauberwort. Mache dir bewusst, was du jetzt im Leben hast, und überlege, wie Du die Dir geschenkten Augenblicke des Lebens sinnvoll füllen kannst.

Jesus ist dafür 40 Tage in die Wüste gegangen. Bewusst auf Abstand gegangen zur Hektik des Alltags. Es geht vielleicht auch hier mitten im Leben, denke ich. Man muss es nur wollen.

100 Euro hat der Automat meinem Konto wieder gutgeschrieben. Für mich geschenktes Geld. Davon habe ich meine Frau einen Abend in Ruhe zum Essen eingeladen und den Babysitter bezahlt. Ich habe gespürt, es war ein Schritt in die richtige Richtung.

ERINNERN

Erinnern gehört zum Leben. An Demenz erkrankte Menschen können durchaus glücklich sein, aber sie brauchen Unterstützung, Betreuung. Alleine geht es nicht mehr. Die Krankheit zeigt, wie wichtig die Erinnerung ist.

Wer ist mein Sohn, wer meine Tochter? Wo komme ich her und welche Menschen haben mich bereichert? Diese großen Fragen gehören genauso dazu wie die Erinnerung daran, wie ich den Alltag bewältige von Waschen bis Anziehen.

Ein Leben lang zehren wir von der Kraft der Erinnerung. Der Mensch verbringt, das haben Psychologen berechnet, viel mehr Zeit damit, sich an das Vergangene zu erinnern als an die Gegenwart oder Zukunft zu denken. Das gilt für alle Generationen, aber im Alter machen wir uns das besonders bewusst. Und erleben es deshalb besonders schmerzhaft, wenn die Erinnerung verblasst. „Gott schenkt uns Erinnerungen, damit wir Rosen haben im Dezember", lautet ein Sinnspruch, der dem schottischen Literaten James Matthew Barrie zugeschrieben wird. Ein weises Wort.

Doch es gibt biblisch auch die Geschichte von Lots Frau (1. Mose, Kapitel 19), die zurückblickt und zur Salzsäule erstarrt. Erinnerung kann lähmen, ist die Botschaft. Wer an wichtigen Lebenspunkten zurückschaut und sich bannen lässt vom Vergangenen, der ist nicht offen für Neues. Lots Frau sieht bei der Flucht aus Sodom und Gomorra trotz Warnung der Engel des Herrn zurück auf das Elend und all die Verwüstungen, die mit diesen Orten verbunden sind. Ein Blick zurück, der sie nicht nur sprichwörtlich erstarren lässt. Sie stirbt daran.

Erinnerung tut gut, sie ist lebenswichtig, und doch möchte Gott, dass wir nach vorne schauen. Dass ich mit Hoffnung und Zuversicht meinen Lebensweg gehe. Ein Weg, für den Gott versprochen hat, auch mich zu begleiten, zu schützen und zu stärken. Sich an diese Zusage zu erinnern, tut gut.

Menschen zehren von der Kraft der Erinnerung, im Alter vielleicht noch einmal ganz besonders.

„Bleibe uns ein Fingerzeig, wie das Leben siegt": Blühender Mandelbaumzweig im Frühjahr, aufgenommen in Israel.

ZEICHEN DER HOFFNUNG

Draußen war es kalt. Das Frühjahr gerade angebrochen. Der Winter noch in den Knochen. Und auch politisch waren es kalte Zeiten. Täglich verschärfte sich der Konflikt zwischen Juden und Palästinensern mit den Engländern, die das Land verwalteten. Und aus dem fernen Europa kamen immer neue Meldungen über die grausame Verfolgung der Juden durch die Nazis.

Es was das Jahr 1942 in Israel. Schalom Ben-Chorin, ein wunderbarer Schriftsteller und Religionsphilosoph, hatte schon vor sieben Jahren aus Deutschland emigrieren müssen. Nun trat er auf den Balkon seines Arbeitszimmers und sein Blick fiel auf einen Mandelbaum, der bereits weiß-rosa Blütenblätter zeigte, wo alle Bäume ringsumher noch winterlich kahl waren.

„Freunde, dass der Mandelzweig wieder blüht und treibt / Ist das nicht ein Fingerzeig, dass die Liebe bleibt.“ Der Baum inspirierte ihn zu dieser zärtlichen Poesie, trotzig gegen alle Erfahrung der Welt: „Dass das Leben weiterging, soviel Blut auch schreit / Achtet dieses nicht gering, in der trübsten Zeit.“

Ben-Chorin dachte an den biblischen Propheten Jeremia, für den der Mandelzweig Zeichen der Zuversicht und für Gottes ungebrochene Liebe zu den Menschen ist: „Freunde, dass der Mandelzweig sich in Blüten wiegt / Bleibe uns ein Fingerzeig, wie das Leben siegt.“

Heute stehen diese Verse als Lied im evangelischen Gesangbuch. Auch als Erinnerung, wie wichtig Menschen sind, die durch alles Elend hindurch auf Hoffnung setzen und auf Leben, wo andere ohnmächtig sind, ängstlich oder nur nach Rache und Vergeltung rufen.

1968 erhielt Ben-Chorin die Buber-Rosenzweig-Medaille, die Personen und Projekte auszeichnet, die sich besonders für das Miteinander von Juden und Christen verdient gemacht haben. Die Medaille wird jedes Jahr als Höhepunkt der „Woche der Brüderlichkeit“ in diesen Tagen verliehen, die nach eigenen Worten „Angst überwinden und Brücken bauen“ will. Dieses Motto ist wie die Lebensmelodie von Ben-Chorin – unverändert aktuell.

VOLLER FANG

Es kann lohnen, Dinge zu tun, die erst einmal absurd wirken. „Fahrt noch mal raus, in die Mitte des Sees, und werft wieder eure Netze aus", spricht Jesus zu Petrus. Allem Sachverstand nach ein unsinniges Unterfangen. Die Fischer waren ja erst gerade draußen auf hoher See. Und ein erfahrener Seemann weiß: Fische fängt man besser nachts als am helllichten Tag.

Und jetzt: Noch mal aufstehen, die Netze klarmachen und raus, wo schon die letzte Fahrt so erfolglos war? Das Kopfschütteln der Fischer ist nur allzu verständlich.

Aber diese Geschichte gegen jede Vernunft wird zu einer Erfolgsgeschichte. Auf Jesu Wort hin rudert Petrus doch noch einmal hinaus und er macht vollen Fang. So viel, dass die Netze zu reißen drohen.

Der wunderbare Fischzug des Petrus, wie ihn Lukas in seinem Evangelium (Kapitel 5) erzählt, hat für mich drei Botschaften: 1. Scheitern und Lebensfülle liegen manchmal eng beieinander. Bei Petrus sind es gerade mal wenige Stunden. 2. Lebenserfolg ist nicht immer planbar. Er ergibt sich einfach. 3. So verstanden ist Erfolg immer auch ein Geschenk, nicht nur Eigenleistung, sondern mehr.

Schon die ersten beiden Botschaften haben für mich mit Gott zu tun. Für die dritte gilt das nun besonders: Da, wo ich Gott vertraue, schenkt er mir reichen Ertrag. Petrus hat sich von Jesu Wort leiten lassen, obwohl er es eigentlich besser wusste. Doch das „Besserwissen" des Menschen ist begrenzt. Auch das ist eine Einsicht dieser Geschichte.

Vielleicht waren es die Not und Armut, die Petrus bewegt haben, sich auf Jesu Wort einzulassen. Vielleicht war es die Sehnsucht nach neuen Erfahrungen, den Trott des Alltags und die Erschöpfung nach Rückschlägen zu überwinden. Vielleicht auch eine Mischung aus allem.

Am Ende, so wird erzählt, wird Petrus zum Menschenfischer. Das heißt: Sein Leben hat neu begonnen. Eine Mutmachgeschichte für mich, Gottes Wort als Chance auch für mein Leben zu begreifen.

Fischer werden zu Menschenfischern. davon erzählt die Bibel. Kein Zufall, dass der Fisch zum geheimen Erkennungszeichen der frühen Christen wurde. Natürlich auch, weil die sechs Buchstaben des griechischen Wortes für Fisch („Ichtys“) hinweisen auf Jesus Christus, Sohn Gottes und Erlöser.

Dieser Stein ist vielleicht auch zu schwer, um ihn auf Menschen zu werfen. Auf jeden Fall zeigt er, was man mit ihm Gutes machen kann: ein „Lebensstein" vor einer Dorfkirche auf der Insel Fehmarn.

OHNE SÜNDE

Jeder Neuanfang braucht Vergebung, erzählt die Bibel in der Geschichte von Jesus und der Ehebrecherin. Da steht die Frau am Pranger. Die Volksseele brodelt.

Und Jesus, gefragt, was zu tun sei, um Strafe und Gerechtigkeit durchzusetzen, sagt: „Wer ohne Sünde ist, werfe den ersten Stein." Weit über den Anlass Ehebruch hinaus geht es um die Frage: Wie gehe ich um mit Schuld? Wie gehen wir in der Gesellschaft um mit Schuld?

Ich habe in dieser dramatischen Geschichte aus dem Johannes-Evangelium (Kapitel 8) zwei Details entdeckt, die mir wichtig erscheinen. Erstens: Jesus hat gesprochen und die Menschen ziehen ab. Einer nach dem anderen. Doch zuerst gehen „die Ältesten", heißt es.

Lebenserfahrung scheint einen zu lehren, vorsichtiger mit Verurteilungen anderer zu sein. Jeder hat vielleicht keine Leiche im Keller, sich aber in seinem Leben manch Unrat in die eigene Scheune gefahren. Mensch, bedenke das, wenn du über andere zu Gericht sitzt!

Und das zweite Detail: Jesus kniet sich hin und schreibt in den Sand, wird erzählt. Jesus geht auf Tauchstation. Eine sinnlose Tätigkeit? Nein! Einatmen – Ausatmen. Abstand gewinnen. Schnellurteile sind selten gute Urteile. Sich einen Augenblick Zeit nehmen, durchatmen und die Dinge dann mit etwas Abstand und innerer Ruhe bewerten. Für eine gerechtere Welt brauchen wir mehr Menschen, die sich diesen Augenblick nehmen.

Schuld bleibt Schuld. Aber wie finde ich das rechte Maß, sie zu beurteilen? Die Antwort finde ich nicht im Gesetzbuch. Ich finde sie in meinem Herzen und meinem Kopf und in der Einsicht: Niemand ist ohne Schuld. So findet das Leben eine bessere Zukunft, für mich – und für die anderen auch.

EINEN ESEL BITTE

„Bringt mir einen Esel", bittet Jesus zwei seiner Jünger und ergänzt noch. „Und wenn Euch die Leute fragen, warum, sagt ihnen: Der Herr braucht ihn!"

Die Geschichte, die Lukas in seinem Evangelium erzählt, (Kapitel 19) gehört zur Passionszeit und markiert den Auftakt zum Einzug nach Jerusalem. Jesus zieht in die Hauptstadt, in das Zentrum der politischen Macht und das der religiösen Eliten, Eiferer und Selbstgerechten. Es ist für ihn am Ende der Weg ans Kreuz, aber auch der Weg durch die Auferstehung zum ewigen Leben.

„Der Herr braucht ihn!" Ein schlichter Satz ohne weitere Begründung. Man kann fragen: Wen braucht Jesus heute, damit seine Botschaft in unserer Welt ankommt, Gehör findet, Folgen hat? Vielleicht ist es kein Esel. Vielleicht bin ich da ganz persönlich gefragt.

Da mag der Vergleich mit einem Esel eher abschrecken. Damit wäre das Tier aber reichlich missverstanden. Denn der Esel ist ein kluges Tier. Kamelkarawanen im Orient führen bis heute einen Esel mit. Weil der Esel anders als die Kamele den Weg kennt. Der Esel ist zudem ein störrisches Tier. Das wird in der Bibel ausdrücklich gewürdigt. Geduldig und unverdrossen hält er Kurs auf Gottes Spur, wo Menschen schon einmal vom Weg abkommen.

Zum Einzug in die Hauptstadt eignet sich der graue Vierbeiner für Jesus besonders. Denn er setzt mit ihm ein Zeichen: Anders als ein Pferd taugt der Esel nämlich nicht als Kampftier oder für die große Parade und er kann auch keine Streitwagen ziehen. Mit der Tierwahl macht Jesus also deutlich, was ihm wichtig ist: Ich möchte Frieden bringen, nicht Streit und Gewalt. Demut statt Hochmut. Eigensinn statt Uniformität. Für all das steht der Esel. Und solche Tiere und vor allem Menschen braucht Jesus heute nicht weniger als vor 2000 Jahren.

Oft unterschätztes Tier: der Esel. In der Bibel spielt er eine große und tragende Rolle.

GEMEINSAM AM TISCH DES HERRN

Keiner muss alleine bleiben. Am Abend hatte Jesus noch einmal alle seine Jünger um sich geschart. Sie hatten sich zurückgezogen in ein Haus mitten in der überlaufenen Altstadt, abseits des Trubels dieser Tage. Menschen brauchen einen Ort zum Durchatmen. Hier war er nun.

Die Tage vorher waren voller Erlebnisse: der festliche Einzug Jesu in Jerusalem unter den Palmenzweigen begeisterter Anhänger. Im Anschluss die hitzigen Debatten über sein Verhältnis zur römischen Besatzungsmacht, über Auferstehung, das höchste Gebot und seine eigene Rolle. Dann der Tötungsbeschluss durch die religiösen Führer, der Verrat durch Judas scheint sich schon anzudeuten. Nun für einen Augenblick Ruhe und Gemeinschaft. Die Verhaftung tags drauf, der Tod am Kreuz. Jesus wird das alles schon vor Augen gehabt haben. Aber hier am Abend steht die Welt gefühlt für einen Augenblick still, und das ist gut so.

Gründonnerstag heißt dieser Tag bei uns. Das „Grün“ hat eher nichts mit der Farbe zu tun, sondern leitet sich wohl ab von „Grienen“, altdeutsch Weinen. Tränen mögen geflossen sein an diesem Abend. Tränen des Abschieds, der Trauer, auch aus Erschöpfung, aber auch Tränen der Rührung aus so einer trotzigen Erfahrung: Unsere Gemeinschaft ist stärker als Gewalt, Unrecht und Tod. Sie brechen das Brot und teilen den Wein miteinander. Gemeinsam zu essen verbindet.

Es wird das letzte Abendmahl sein. Keiner ist ausgeschlossen. Sogar der Verräter Judas sitzt mit am Tisch und Petrus, der seinen Herrn tags drauf so jämmerlich verleugnen wird. Auch das ist wichtig. Am Tisch des Herrn hat jeder seinen Platz und es ist nicht an uns zu entscheiden, wer dort teilnehmen darf.

Das Abendmahl ist neben der Taufe in allen christlichen Kirchen zum Sakrament geworden. Jesus hat es gestiftet. Als Zeichen dafür, dass die Gemeinschaft der Christen lebendig ist und bleibt – alle Zeit.

Abendmahl hat viel mit Gemeinschaft zu tun und das erste Abendmahl Jesu war auch nicht im Tempel oder in einer Kirche. Feier mit Konfirmanden in einer Jugendherberge auf einer Freizeit.

Zum Leben gehört auch das Scheitern dazu. Jesus hat das erfahren und bedenkt das in diesem Kunstwerk mit einer gewissen Melancholie. Doch ich höre auch den Satz, dass Gott sagt: „Meine Kraft ist in den Schwachen mächtig."

SCHEITERN UND LEBEN

Lassen Sie uns über das Scheitern sprechen. Ungern? Kann ich verstehen. Scheitern ist nicht populär. Schon gar nicht, öffentlich darüber zu reden. Zumindest solange es einen selbst betrifft. Über Glück und gelingendes Leben gibt es Ratgeber en masse. Zum Scheitern nicht. Dabei gehört es zum Menschen dazu. Jeder kann da seine Geschichte erzählen. Oft sind es sogar mehrere und sie haben zu tun mit Familie, mit Kindererziehung, mit Ehe, mit Freunden und Nachbarn, mit Schule und Beruf.

Heute ist Karfreitag. Das Wort „kara" stammt aus dem Althochdeutschen und bedeutet Klage, Kummer, Trauer. Es ist der Tag, an dem Jesus von seinen Zeitgenossen ans Kreuz genagelt wurde und jämmerlich starb. Der Tod von einem Menschen, der in die Welt gekommen war, um als Gottes Sohn Liebe und Nächstenliebe zu stiften. Der Tag erinnert daran, dass das Christentum erst einmal die Bewegung eines Gescheiterten ist.

Ich möchte daher nicht zu schnell von Ostern und Auferstehung erzählen. Der christliche Glaube hat viel mit der Realität des Lebens zu tun und möchte mir Mut machen, mich meinen eigenen Verwundungen und Narben, die mir das Leben zugefügt hat und manchmal auch ich selbst, zu stellen. Scheitern ist die wohl ehrlichste Erfahrung, dass kein Mensch perfekt ist. Das ist eine harte Erfahrung. Andererseits: Zu erleben, wie verletzlich ich persönlich bin, das ist erst Voraussetzung dafür, mich in andere Menschen einzufühlen. Also Voraussetzung für ein achtsames, gutes Zusammenleben.

Die Sozialen Medien überfluten mich mit glücklichen Menschen. In den Portraits auf Facebook & Co gibt es fast nur schöne Bilder. Misserfolge werden nicht gepostet.

Das Leben aber ist anders. Und wer es annehmen will, muss auch das Scheitern akzeptieren. In der Bibel heißt es von Gott, dass er sagt: „Meine Kraft ist in den Schwachen mächtig" (2. Korintherbrief Kapitel 12, Vers 9). Es wird Zeit, solche Botschaften in unserer Welt zu posten. Und am glaubwürdigsten fange ich damit bei mir selbst an.

FROHE OSTERN!

Ostern ist ein verrücktes Fest. Man kann das genau so sagen. Dieses Fest, das den Sieg über den Tod und den Glauben an die Auferstehung feiert, verrückt die Perspektive zu allem, was Leben beendet und zerstört.

Das ist so verrückt, dass die Christen am Grab trotz aller Trauer lachen konnten. Dieses Osterlachen ist eine urchristliche Praxis im Angesicht des Todes als Ausdruck: Der Tod hat nicht das letzte Wort! Auch Verfolgung und Vernichtung nicht, wie sie die ersten Christen erdulden mussten – damals und heute leider auch wieder in einigen Ländern der Welt.

Mit dem Lachen nehme ich dem Tod und allen totbringenden Mächten ihre vermeintliche Allmacht. Es ist jedem überlassen, wie öffentlich er das tut oder tun kann. Aber sich diese Perspektive vor Augen zu führen, das ist die große Stärke des christlichen Glaubens. Denn am Ende des Lebens geht es nicht um den Tod, sondern um das Leben selbst. Und das Leben geht weiter.

Ist das zu vollmundig? Angesichts der Unausweichlichkeit des Todes für jeden von uns? Angesichts von Kriegen und totbringenden Naturkatastrophen?

Ostern ist in der Tat verrückt. Jesus Christus, auferstanden von den Toten, sieht dem Tod nicht mehr – wie wir jetzt – entgegen. Er blickt auf ihn zurück. Diesen Perspektivwechsel kann nur der Glauben schenken.

Am leeren Grab Jesu harren die Frauen und trauern, erzählt die Bibel. Sie stehen da ratlos beieinander. Es sind mehrere gewesen. Das ist wichtig. Denn in der Trauer des Todes soll keiner alleine bleiben. „Fürchtet Euch nicht", sagt ihnen der Engel des Herrn. Christus ist auferstanden! Bleibt zusammen, bestärkt euch gegenseitig und verkündet das den anderen Brüdern und Schwestern.

Am Ostermorgen verwandelt sich die natürliche Angst vor dem Tod in österliche Sorge für das Leben. Das ist die Blickrichtung an diesem Sonntag und die gilt für jeden Tag, an dem der Lebensmut an seine Grenzen stößt: Frohe Ostern!

Der Glaube an die Auferstehung in Figur gegossen: Statue aus der Abtei von San Fruttuoso in Italien.

FÜR DAS LEBEN – TROTZ ALLEM

Die Entscheidung fiel schwer, aber die Not war groß. Familie Vollmer beschloss den Aufbruch nach Amerika. Mit Hoffnung auf eine bessere Zukunft und mehr Wohlstand als das in der kargen Heimat je möglich sein könnte.

„Wir gehen vor allem für die Zukunft unserer Kinder", hatte Vater Vollmer noch gesagt. Den Preis für die Überfahrt erbrachte der Verkauf der Hütte im Nordhessischen. Nicht viel, doch es reichte so gerade. Die Familie mit vier Sprösslingen im Alter von sieben bis 17 Jahren sowie die Schwägerin und deren zwei Kinder machten sich auf den Weg.

Es war das Jahr 1854. Die Passagierschifffahrt war eine unsichere und unkomfortable Angelegenheit, schon die Flussfahrt nach Bremerhaven eine Weltreise. Dann ging es auf hohe See mit der damals nagelneuen Dreimastbark „Johanne". Drei Tage Herbststurm zwischen Helgoland und ostfriesischer Küste endeten mit Schiffbruch vor Spiekeroog. Von den 216 überwiegend süddeutschen Auswanderern überlebten 130. Von Familie Vollmer nur die beiden Eltern. Die Kinder wie die Schwester der Mutter ertranken in den Fluten.

Eine Familientragödie, die einem auch 150 Jahre später noch die Worte nimmt. Von Vater und Mutter Vollmer verliert sich die Spur. Ihre Namen tauchen auf keiner Passagierliste mehr auf. Sie haben wohl kaum mehr einen Versuch nach Amerika gewagt.

Der Pfarrer von Spiekeroog begrub damals die geborgenen Toten auf einem eigens angelegten Friedhof in den Dünen und stellte ein eisernes Kreuz mit den Namen der Umgekommenen auf. Der „Friedhof der Ertrunkenen und Heimatlosen", so nannte er ihn, ist heute noch zu sehen. Auf dem Kreuz ließ der Pfarrer das Jesuswort anbringen: „Ich bin die Auferstehung und das Leben" (Johannesevangelium Kaptel 11, Vers 25). Trotzig steht es dort gegen die Erfahrung unendlichen Leids und Ohnmacht und gibt zumindest der Erinnerung eine Heimat.

Lebendige Erinnerung heute: der Drinkeldodenkarkhof, Friedhof der Heimatlosen, auf Spiekeroog.

WIE EIN ADLER, WIE EIN SCHAF ...

Tiere sprechen uns aus der Seele. Katzen- und Hundeliebhaber werden einem da sofort zustimmen.

Ich denke an die alten Märchen und Fabeln, die Jung wie Alt bis heute berühren. Und auch die Bibel erzählt von Gott und Mensch immer wieder gerne in Tierbildern.

„Die auf den Herren harren, bekommen neue Kraft, dass sie auffahren mit Flügeln wie Adler", heißt es zum Beispiel beim Propheten Jesaja (Kapitel 40, Vers 31). Welch Vertrauen kann einem der Glauben schenken, dass ich mich in den Himmel aufschwingen kann wie der König der Lüfte.

Das häufigste in der Bibel erwähnte Tier ist? Genau, das Schaf. Ein ganzes Lied ist ihm zugedacht: „Der Herr ist mein Hirte, mir wird nichts mangeln." Der Psalm 23 singt davon, dass jede und jeder wie ein Schaf auf Fürsorge, auf Schutz und Gemeinschaft angewiesen ist. Und dass Gott einen zwar nicht über ein dunkles Tal hinwegträgt, aber sicher hindurchführt. Welch wichtige Zusage und Erfahrung, wenn ich mich einsam fühle, wenn ich krank bin ... Jesus erzählt außerdem von dem ausgerissenen Schaf, das dem Hirten so wichtig ist, dass er es solange sucht, bis er es gefunden hat. Bei Gott ist eben keiner aus dem Blick, auch wenn er selbst den Weg verloren hat.

Als modernem, selbstbewusstem Menschen mag einem der freie, majestätische Adler näher sein als das lammfromme oder schutzlose Schaf. Doch beide Tiere verbindet die wichtige Botschaft: Hab Vertrauen! Gott trägt dich auf den Höhenflügen deines Lebens genauso wie in großer Not.

Wer sich da vergewissern möchte, ist herzlich eingeladen an diesem Sonntag in den Gottesdienst zu gehen. Katholisch wie evangelisch. Es ist der „Tag des guten Hirten".

Was für eine Erfahrung: Konfirmand auf Tuchfühlung mit dem Herrscher der Lüfte.

WARUM VÖGEL SINGEN

Warum singen Vögel? Als Lockruf zur Paarung oder um ihr Revier zu markieren, hat uns die Biologie jahrzehntelang überzeugend gelehrt. Nun haben Forscher herausgefunden, dass das so nicht stimmt.

Vögel singen auch einfach so. Nur so zur Freude, weil sie es eben können. Die Buchfinken und die Gartengrasmücken übrigens besonders gern.

Das gibt dem akustischen Tageskonzert in unserem Garten eine ganze neue Qualität, finde ich. Das Leben ist eben nicht nur zweckmäßig darauf ausgerichtet, Nachkommen wie Eigentum zu sichern und mögliche Feinde zu erkennen und wirkungsvoll abzuwehren.

Die Forschereinsicht entspricht so gar nicht dem Geist unserer Zeit. Wo bleibt die Effizienz? Was ist der Nutzwert, mögen Unternehmensberater fragen. Wo bleibt der Sinn, mögen Evolutionsexperten bemängeln, die bislang den Fortgang der Biologie vor allem mit dem ewigen Kampf ums Überleben begründet haben. Zeige Stärke, nie Schwäche. Nur so pflanzt sich Leben fort.

Die Vögel zeigen nicht Stärke noch Schwäche. Sie singen einfach munter vor sich hin und das viele Stunden über den Tag, hoch und tief, laut und leise. Jeder auch innerhalb derselben Vogelfamilie übrigens ein klein wenig anders. Auch das haben die Forscher herausgefunden.

Vögel singen zum Lob der Welt, fröhlich und frei von Macht- und Geltungsdrang. Für Gottes Lohn, könnte man sagen. „Seht die Vögel im Himmel", lehrte Jesus in der Bergpredigt, „sie säen nicht, sie ernten nicht und euer himmlischer Vater ernährt sie doch." (Matthäus Kapitel 6, Vers 26)

Vielleicht haben die Vögel vielmehr als wir Menschen verstanden, was eine stimmige Antwort ist auf Gottes Schöpfung. Ich wünsche uns noch viele weitere Lebensbereiche, in denen wir das entdecken können.

Es gibt wohl doch eine Nähe von Vögeln zum Heiligen. Franz von Assisi konnte davon ein Lied singen. Auf jeden Fall scheint sich das Tier auch hier auf dem Giebel meiner Kirche wohl und sicher zu fühlen.

Musik in Gottes Ohren und vielleicht sogar auf „Gottes Instrument“: David spielt Harfe vor dem trübsinnigen König Saul. Anschauliche Bibelszene, groß ins Bild gesetzt auf der Orgel der Bonner Kreuzkirche.

MUSIKALISCH

Spielt Gott ein Instrument? Die Frage mag unangemessen klingen, zu menschlich im Blick auf Gott.

Anderseits, die Bibel bietet mit ihren vielen Liedern und Psalmen schon reichlich Inspiration nachzudenken, ob Gott selbst ein Instrument zum Klingen bringt. Die Orgel zum Beispiel, die Königin aller Instrumente, in der man so wunderbar alle Register ziehen kann und die jede Kirche mit heiligem Klang erfüllt. Das würde passen.

Stimmt aber nicht. Gott spielt Harfe. Zumindest ist uns das in der Offenbarung, dem letzten Buch der Bibel, so überliefert (Kapitel 15, Vers 2). Also nicht ganz, Gott spielt sie dort nicht selbst. Er lässt spielen. Und zwar durch Engel. Doch warum ausgerechnet die Harfe?

Vielleicht liegt es daran, dass es bei Niederschrift der Offenbarung noch keine Orgeln gab. Ich glaube aber, der Grund liegt tiefer: Die Harfe ist ein leises Instrument. Im Orchester muss ich schon genau hinhören, um ihre Töne zu hören. So ist das mit Gottes Wort in unserer oft lauten Welt auch. Seine Töne klingen zärtlich von Rücksicht und Demut, Nächstenliebe und Vergebung. Es sind Liebeslieder für die Menschen. Doch werden sie oft überhört. Die Harfe als „Gottes Instrument“ erscheint mir daher wie ein Hinweis: Gerade, wenn es laut wird, höre auf die zarten Töne in deiner Umgebung.

Und wenn es Engel sind, die in Gottes Namen spielen, da ist die Bibel eindeutig: Engel können wir alle sein. Ohne Ausnahme jeder Mensch, auch ohne Flügel und weißem Gewand – und auch ohne musikalische Vorbildung. Ein Satz wie „Du bist mir wichtig“ oder „Ich verzeihe Dir“ oder „Ich möchte Dir helfen“. Das ist Harfen-Musik.

Ich glaube, Gott hat die Harfe jedem Menschen mit in die Wiege gelegt. Und vielleicht ist es an der Zeit, das Orchester in mir neu zu stimmen. Laute Töne, Trommeln und Trompeten, sind da zumeist ganz gut besetzt. Lasse ich mal wieder die Harfe klingen.

Jede Kerze ist ein Gebet: hier in einer orthodoxen Kirche in Griechenland.

BETEN UND VERTRAUEN

„Wer den Koch kennt, muss vor dem Essen nicht beten." Ein Witz aus der Gastronomie mit einem wahren Kern.

Der Mensch hat immer schon gebetet, wenn es darum geht, vor einer Gefahr beschützt zu werden oder eine Katastrophe abzuwenden. Die Bitte, Gott verschone uns vor Krieg und Pest, ist so alt wie die Menschheitsgeschichte.

Wir haben in meiner Kirche ein Buch ausliegen, in das Menschen ihre Wünsche schreiben können und dazu eine Kerze anzünden. „Lass die Oma wieder gesund werden" lese ich dort oder „Lass mein Kind die Prüfung bestehen".

Not lehrt beten. Und doch ist Beten mehr: auch Dank, Klage, Fürbitte für andere, Bitte um Vergebung. Eine Gesellschaft, in der Menschen füreinander beten, ist menschlicher. Darum verspricht uns Jesus: „Wer da bittet, der empfängt; wer da sucht, der findet; wer da anklopft, dem wird aufgetan." (Matthäus Kapitel 7, Verse 7+8)

Man muss aber auch sagen: Nicht jede Bitte geht in Erfüllung. Und ob Gott sie hört, ist nicht zu messen. Und doch wohnt dem Gebet eine Kraft inne, die man nicht unterschätzen sollte. Vor allem die Fürbitte verbindet mich nicht nur mit Gott, sondern auch mit dem anderen. Ich denke manchmal, er oder sie spürt das auf wunderbare Weise.

Und die Bitte verändert auch den Beter: Ich gebe mit meinem Gebet ein Stück weit den Anspruch ab, ich würde alles regeln, könnte alles kontrollieren. Das tut mir gut und der Situation oft auch. Ich werde durchlässiger und achtsamer für das, was das Leben mir schenkt. Dann kann aus einem Not- oder Angstgebet sogar ein Dankgebet werden. Danken für das alltäglich Gute, das eben doch nicht selbstverständlich ist. Zum Beispiel mit einem Tischgebet: „Alle guten Gaben, alles, was wir haben, kommt, o Herr, von dir, ich danke dir dafür." Das kann ich beten, gerade weil ich den Koch kenne und ihm vertraue.

Blaue Stunde am Strand von Racou Plage in Südfrankreich: Himmel und Meer verbinden sich.

HIMMEL UND ERDE VERBINDEN SICH

Die Jünger blieben zurück, als Jesus gen Himmel fuhr. Mit erstaunten, etwas traurigen, vielleicht sogar ungläubigen Blicken. Zwei Engel mussten kommen, um den Blick der Jünger wieder ins Leben zu richten, berichtet Lukas am Anfang der Apostelgeschichte.

„Was steht ihr da und seht zum Himmel?", fragen diese Engel. „Jesus, der von euch weg gen Himmel aufgenommen wurde, wird so wiederkommen, wie ihr ihn habt gen Himmel fahren sehen." Daraufhin kehrten die Jünger nach Jerusalem zurück und machten sich daran, die junge christliche Kirche aufzubauen.

Wir feiern „Christi Himmelfahrt". Es geht mir dabei oft nicht anders als den Jüngern, die Augenzeuge dieses Ereignisses waren. Erstaunt, vielleicht sogar ungläubig höre ich, was damals geschehen ist.

Wie soll man sich diese Himmelfahrt vorstellen? Und wo ist dieser Himmel eigentlich? Im Englischen gibt es eine Unterscheidung: Der Himmel im biblischen Sinne, der Ort von Gottes Gegenwart, heißt „heaven", der Himmel über uns, der von der Wetterkarte, den Planeten und Gestirnen „sky". Diese Unterscheidung scheint mir hilfreich. Schon, um die Himmelfahrt Christi nicht als eine Art Raumfahrt misszuverstehen.

Die Bibel selbst hält sich nicht damit auf, den „Himmel" zu beschreiben. Für sie ist allein wichtig, dass er der Ort für unsere Hoffnungen und Sehnsüchte ist. Ein Ort, der weit über unsere menschlichen Grenzen von Raum und Zeit hinausreicht. Und Jesus ist uns dorthin vorausgegangen. Und nicht nur das. Jesus kommt wieder, verkünden die Engel den staunenden Jüngern. Und damit schafft er eine Verbindung zwischen Himmel und Erde, zwischen Gott und Mensch, Leben und Tod, Sehnsucht und Zweifel, Zuversicht und Trauer.

Wenn ich also den Himmel suche, muss ich gerade nicht nach oben schauen, sondern nach unten auf meinen Weg hier auf Erden und nach links und rechts zu den Menschen, die um mich sind.

ICH WERDE ERHÖRT

Manchmal hilft nur noch Beten, sagt der Volksmund. Dem ist christlich gesehen natürlich zuzustimmen. „Bittet, so wird euch gegeben“, schärft Jesus seinen Jüngern ein.

Und im 118. Psalm spricht ein Mensch stellvertretend für so viele, die mit ihrem Bitten vor Gott treten: „Ich danke dir, dass du mich erhört und mir geholfen hast.“ Doch anders, als sich der Volksmund das vielleicht wünscht, macht die Bibel eine Unterscheidung: Gebetserhörung bedeutet nicht automatisch Gebetserfüllung.

Das ist ein wichtiger Unterschied, den ich schon aus dem Familienalltag kenne. Es ist von großer Bedeutung, dass ich als Vater die Bitten meiner beiden Kinder ernst nehme. Nichts ist schlimmer als ein Vater, dem die Bitten seiner Kinder egal sind. Noch schlimmer ist es, wenn er ihnen schon gar nicht mehr richtig zuhört. Aber zuhören heißt noch lange nicht, alle Wünsche zu erfüllen. Das wäre am Ende weder für die Eltern noch für die Kinder gut.

Sicher geht es Gott nicht darum, den Menschen damit zu erziehen, ob und welche Wünsche in Erfüllung gehen. Die Erfahrungen mit unseren Kindern zeigen mir jedoch, wie entscheidend es ist, wenn Menschen spüren: Wünsche finden Gehör. Bitten verhallen nicht im luftleeren Raum.

Wünsche können enttäuscht werden. Vielleicht begreifen wir erst mit viel Abstand den tieferen Sinn, warum manch inniger Wunsch nicht in Erfüllung gegangen ist. Ernsthafte Gebete jedoch können nicht wirklich enttäuscht werden. Weil wir uns darauf verlassen dürfen: Gott hört uns an und ist uns nahe. Das gibt einem manchmal ungeahnte Kraft, sich dem Leben und seinen Herausforderungen zu stellen. Und so kann der Psalmbeter am Ende sagen: „Ich danke dir, dass du mich erhört und mir geholfen hast.“

Das Ohr gespitzt und viele große Augen: Der Künstler hier aus Frankreich hat verstanden, dass die Menschen in der Kirche von Gott gesehen und gehört werden wollen.

DEN LEUTEN AUFS DACH STEIGEN

Menschenmassen drängen zu Jesus. Vor dem Haus, in dem er gerade zu Gast ist, stehen die Menschen Schlange. Ganz hinten vier Freunde, einen fünften schleppen sie auf einer Trage. Er ist gelähmt.

Was sollen sie tun? Alle Hoffnung hatten sie auf den Besuch bei Jesus gerichtet. Und nun war man so nah und doch kein Durchkommen. Umdrehen? Wieder nach Hause gehen? Aufgeben?

Nein. Die vier Freunde packen ihren hilflosen Kumpanen, ziehen vorbei an der Menge um das Haus herum, erklimmen das Dach, decken die Ziegel ab und lassen ihren kranken Freund von oben herab vor die Füße Jesu. Und Jesus sieht ihren Glauben, heißt es im Markusevangelium (Kapitel 2), und heilt den Gelähmten.

Eine wunderbare Geschichte, die mir seit Kindertagen gefällt. Denn sie zeigt: Es ist nicht immer der einfache Weg, der zum Ziel führt. Manchmal muss man Leuten im wahrsten Sinne des Wortes schon aufs Dach steigen, um etwas zu verändern. Und es lohnt sich, nicht nach ersten Enttäuschungen aufzugeben.

Die vier Freunde sind nur die Statisten dieser Geschichte. Die Bibel hat nicht einmal ihre Namen überliefert. Und doch sind sie die Entscheidenden. Jesus handelt, weil er ihren Glauben sieht, heißt es ausdrücklich. Ihre Hartnäckigkeit, die unverdrossene Hilfsbereitschaft für den gelähmten Freund. Gut, wer solche Freunde hat! Das ist wirklich Nächstenliebe.

Unser Alltag, auch unsere Weltpolitik sähe anders aus, wenn es mehr solcher Menschen gäbe: Menschen, die auch mal vom gewohnten Weg abweichen und die nicht lockerlassen.

Menschen, die sich für andere einsetzen, auch gegen Widerstände, für Heilung und Frieden in der Welt. Unverdrossen.

Nur ein Wort, eine Tat – Ist die Welt heute zu komplex für einfache herzliche Botschaften? Auf einer Häuserwand in Kopenhagen nicht.

FROHE PFINGSTEN!

Kein Fest hat die Menschen so miteinander verbunden wie das Fest, das wir an diesem Sonntag und Montag feiern: Pfingsten.

Fast 2000 Jahre ist es her: Die Jünger Jesu standen noch ganz unter den Eindruck der Kreuzigung ihres Herrn. Irgendwo in einem Haus bei Jerusalem hockten sie zusammen. Doch jeder war einsam, gefangen in eigenen Sorgen und Ängsten.

Da erfüllte plötzlich ein Brausen vom Himmel das ganze Haus. Es war wie ein gewaltiger Wind, erzählt die Apostelgeschichte (Kapitel 2). Und mit einem Mal bekamen Stumme eine Stimme, Verzagte und Verzweifelte neue Kraft. Müde Leute erhoben ihr Haupt.

Das Pfingstwunder ereignete sich. Und es zog weite Kreise. Menschen unterschiedlichster Sprache und Herkunft verstanden sich. Menschen, die bislang in derselben Stadt, im selben Dorf, manchmal sogar im selben Haus ohne wirklichen Kontakt nebeneinander wohnten, spürten: Uns verbindet so viel, nämlich dieselbe Kraft zum Leben. Wir haben gemeinsame Hoffnungen und Sehnsüchte.

Pfingsten ist ein Fest des Lebens und Gott gießt seinen Geist aus über diese Welt, damit wir Menschen unser Leben miteinander teilen. Der Bibel ist wichtig, dass das Pfingstwunder kein einmalig historisches Ereignis ist, sondern sich immer und immer wiederholen kann.

In einer Gesellschaft, die uns heute so große individuelle Freiheit verspricht, aber auch viel stille persönliche Einsamkeit beschert, ist diese Botschaft für mich besonders aktuell. Es gibt viele Beziehungen, viele Familien, die sich nach Pfingsten sehnen. Vielen Nachbarschaften, vielen Stadtvierteln täte der Geist dieses Fest unendlich gut. Öffnen wir unsere Fenster, die Türen und am Ende auch unsere Herzen und lassen Gottes Heiligen Geist herein!

Fenster auf! – Und auf einmal ergeben sich ganz neue und weite Perspektiven.

WEISE ERKENNTNIS

Es waren einmal vier weise Gelehrte, die wollten erkunden, wie ein Elefant aussieht. Sie alle waren blind. „Ganz klar: Ein Elefant ist wie eine starke Schlange“, sagte der Weise, der am Rüssel stand.

„Nein, ein Elefant ist wie ein harter Speer“, entgegnete der, der den Stoßzahn berührte.

„Vielmehr ist er wie ein unglaublich großer Luftfächer“, erwiderte der dritte. Seine Hände ertasteten das Ohr. „Ich finde, er ist eher wie ein Baumstamm“, erklärte der vierte Weise. Er fasste das Bein an.

Dieses Gleichnis stammt aus Indien und lässt sich wunderbar anwenden auf die Religionen und die Frage: Wer hat eigentlich die wahre Sicht? Die Geschichte lehrt: Alle haben Recht auf der Suche nach Gott und sehen vor ihrem inneren Auge doch nur den Teil des Ganzen, der ihnen nahe ist.

Mir hilft diese Geschichte auch, die Vorstellung von Gott in meiner eigenen Religion zu verstehen. Mit Pfingsten und der Ausgießung des Heiligen Geistes ist nun die Trinität vollkommen: Vater und Sohn und Heiliger Geist. Der eine christliche Gott, an den ich glaube, hat viele Seiten, je nachdem aus welcher Situation ich an ihn herantrete oder er mir begegnet: Gott tröstet, heilt, vergibt, bestärkt, fordert heraus.

Es gibt harte Seiten, an denen ich mich reibe und die ich nicht durchdringe, es gibt aber auch sehr weiche Seiten. Das Bild von einem Baum, an den ich mich anlehnen kann, hat genauso seine Bedeutung, wie der Zahn, der mich anstößt, auf die Beine zu kommen und aktiv zu werden, oder wie der Fächer, der mir Luft zum Leben und frischen Wind schenkt.

Erst die Gesamtschau macht Gott zu dem einen Gott, an den ich glaube. Wenn ich ihn also umfassender begreifen möchte, sollte ich gut zuhören, was andere mir von ihren Erfahrungen und Sichtweisen erzählen.

Was hat die Vorstellung von einem Elefanten mit Gott, mit der Trinität, mit Pfingsten zu tun? Die Taube ist doch das Symbol für den Heiligen Geist. Aber es gibt einen weisen Bezug …

Mancher ballt die Faust in der Tasche. Man kann sie auch ganz anders nutzen. Zum Bekenntnis zum Beispiel und sich damit einen Bibelvers zu eigen machen, wie diese Konfirmandin.

LIEBE DEINEN NÄCHSTEN WIE DICH SELBST

Es wird erzählt, dass fünf Mönche in die Einsamkeit in eine Höhle tief im Wald zogen um nachzudenken: Was gibt dem Leben Sinn? Der Abt, dessen Bruder und sein bester Freund. Dazu der ärgste Feind des Abts (das soll es auch unter Mönchen geben) sowie ein Mönch, der seine Zeit zumeist verschlief und die anderen viel Geduld mit ihm lehrte.

Doch das Leben läuft manchmal anders. Verbrecher kommen in den Wald und suchen sich gerade die Höhle der Mönche als Zuflucht vor ihren Verfolgern aus. Sie beschließen, alle Mönche zu töten. Doch der Abt verhandelt und kann erwirken, dass sie alle freilassen – bis auf einen. Der müsse sein Leben lassen, als Drohung, damit die anderen nicht das Versteck der Räuber verraten.

Wer ist es nun wert, geopfert zu werden? Obwohl, die Frage muss wohl eher lauten: Wer ist am wenigsten wert? Der persönliche Feind? Der Faule? Oder sollte nicht der Klostervorsteher sein Leben für die Mitbrüder lassen?

Am Ende tritt der Abt vor die Verbrecher und erklärte: „Wir haben uns auf keinen einigen können. Jeder von uns hat denselben Wert, und da darf ich mich auch selbst miteinschließen." Das habe man lange von allen Seiten beleuchtet und könne zu keinem anderen Ergebnis kommen. Wie es in der Bibel heißt: „Liebe deinen Nächsten wie dich selbst" (3. Mose Kapitel 19, Vers 18).

Die Verbrecher ließen ab von den Mönchen, heißt es. Es wird sogar erzählt, sie hätten sich dem Kloster angeschlossen. Denn zum ersten Mal in ihrem Leben erfuhren sie: Es gibt ein Leben ohne die gnadenlose Unterscheidung, hier die Guten, da die Bösen. Und die Mönche spürten, wie stark Gemeinschaft ist und dass sie sogar eine ausweglose Situation noch einmal völlig ändern kann!

Geht auch: Urlaub@home – Auszeit für Leib und Seele auf der Hofgartenwiese meiner Stadt Bonn.

SCHÖNE FERIEN!

„Schalten Sie ab, lassen Sie die Seele baumeln." So heißt es sehnsuchtsvoll auf einem Plakat im Schaufenster des Reisebüros. Noch ist das Bild mit der Hängematte unter Palmen Verheißung, doch bald soll es Wirklichkeit werden.

Es geht in die Ferien. Endlich. Mich erwarten zwar keine Palmen, aber Meer und gutes Essen und das sind für mich schon zwei wichtige Voraussetzungen für einen gelungenen Urlaub.

Und Ruhe. Letztes wird mir immer wichtiger. Ein wenig Vogelgezwitscher, ein sanftes Wellenrauschen lasse ich mir gerne gefallen. Kein Straßenlärm, keine Dauerberieselung aus Funk und Fernsehen. Um innerlich zur Ruhe zu kommen, brauche ich auch äußerlich Ruhe.

In einem Klostergarten habe ich mal das Schild gelesen: „Gott spricht zu dir in der Stille." Auf den ersten Blick klingt das widersprüchlich. Jedes Sprechen unterbricht doch die Stille. Aber es gibt eben auch ein Reden, wenn alles schweigt. Für mich ist dieser klösterliche Rat ein Hinweis, dass Gott zu mir leiser spricht als ich das erwarte und im Alltag oft hören kann.

Um Gott zu hören, muss ich also vieles im wahrsten Sinne des Wortes abschalten, was ansonsten mein Leben bestimmt. Dieses Abschaltenkönnen, das ist eine echte Lebenskunst. Mancher geht dafür ins Kloster. Andere ans Meer oder hoch ins Gebirge. Wo und wie auch immer. Für mich braucht Abschalten seinen Raum. Einen Ort, an den mich kein Lärm, keine Betriebsamkeit, kein Handypiepen mehr verfolgt. Und auf einmal erlebe ich, wie die Berge sprechen, die Natur, die Blumen, die Weite.

Meine Seele braucht diese Auszeiten. Meine Seele braucht diese leisen, stillen Ansprachen der ganz anderen Art. Ich bin gespannt, was mir Gott dieses Jahr sagen wird. Wenn das gelingt, geht in Erfüllung, was unten auf dem Plakat im Reisebüro wie die Summe aller aktuellen Wünsche so einfach steht: „Schönen Sommer!"

WAS HAT SINN UND WERT?

Eine Frau hat zehn Silbergroschen, einer geht ihr verloren. Ärgerlich. Aber sie hat ja noch neun andere. Was soll's, mag man denken. Falsch gedacht, sagt Jesus, der diese Geschichte im Lukas-Evangelium (Kapitel 15) erzählt.

Die Frau nämlich fängt an – und darin soll sie uns ein Vorbild sein – nach dem verloren Groschen zu suchen. „Mit großem Fleiß", so heißt es ausdrücklich, kehrt sie ihr ganzes Haus aus, jede Ecke leuchtet sie aus. Das mag Stunden, vielleicht sogar Tage gedauert haben.

Effizient ist das nicht, würden wir sagen. Noch weniger, weil die Frau, als sie den Groschen dann glücklich wiederfindet, alle ihre Freundinnen und Nachbarinnen einlädt, um den Fund zu feiern. Das Fest, so ist zu vermuten, wird teurer sein als das Fundstück.

Die kleine Geschichte hat für Jesus gleich mehrere Botschaften. Die erste: Wer im Leben etwas verliert, was für ihn Bedeutung hat, der sollte sich die Zeit nehmen, sein Haus und damit übertragen sein Leben einmal gründlich auszukehren. Und Auskehren bedeutet Schauen, was vorhanden ist und was einem persönlich wirklich wichtig ist.

Die zweite Botschaft: Gott sucht uns Menschen wie die Frau ihre Münze. Jede und jeder ist wertvoll und wird nicht verloren gegeben. Gerade auch, wenn die Welt sagt, das mache doch unter dem Gesichtspunkt von Aufwand und Ertrag wenig Sinn.

Die dritte Botschaft ist eine große Verheißung: Die Suche nach Sinn und Werthaltigem in unserem Leben hat Erfolg für den, der es ernsthaft angeht. Und diese Suche mündet sogar in einem fröhlichen Fest. Da ist dann völlig egal, was es kostet. Denn Gott will, dass wir das Leben feiern und er rechnet anders als wir Menschen. Wir sollten ihm in dieser Lebenshaltung folgen. Denn Freude und Gemeinschaft sind mit nichts auf der Welt zu bezahlen.

Geschichten zum Nachdenken und Andersdenken als bislang gedacht und getan: Jesus erzählt sie seinen Jüngern, und wer sie versteht, der verändert sein Leben – und das ist gut für ihn und seine Mitmenschen.

MODERN UND AKTUELL

Wer Gott sucht, der muss dieser Welt ins Angesicht schauen. Das Elend war groß. Zehntausend Flüchtlinge belagerten Genf. Menschen, die vor der religiösen Verfolgung in Frankreich Zuflucht gesucht hatten in der Schweizer Stadt an dem großen See.

„Ihr seid die Auserwählten", rief Johannes Calvin ihnen zu, weil er nach intensivem Bibelstudium verstanden hatte: Gott verspricht allen Menschen, die um seines Namens Willen verfolgt werden, ganz nahe zu sein. Calvins Worte machten den Menschen Mut, sich zu ihrem Glauben zu bekennen und gab ihnen Kraft, die Entbehrungen der Flucht und Vertreibung zu ertragen.

Doch Calvin wollte mehr: die Menschen sollten sich nicht einfältig fromm den Worten des Predigers fügen, sie sollten mit dem Verstand begreifen, was es heißt „Gott allein die Ehre" zu geben. Bildung wurde das Programm seiner Reformation. Kirchenfürsten sollten nicht länger herrschen über das Seelenheil der Menschen. Die Gemeinde Gottes besteht aus Laien und Theologen. Pastoren, Lehrer, Älteste und Diakone stehen in seiner Kirche gleichberechtigt nebeneinander. Ämter werden gewählt, nicht vererbt oder von Herrschaftsgnaden verliehen. Die Wiege vieler unserer demokratischen Selbstverständlichkeiten heute steht am Genfer See.

„Und mach dir kein Bild von Gott", schärfte Calvin seinen Zeitgenossen immer wieder ein. Das biblische Bilderverbot. Gott ist zu groß, als dass wir Menschen ihn mit unseren Pinseln nachmalen können. Und vielleicht ahnte er schon damals, wie sehr Bilder Menschen auch für dumm verkaufen können.

Von Genf aus hat Calvin der Reformation Martin Luthers europäische Verbreitung gebracht. Am 10. Juli gedenken wir seines Geburtstages 1509. Calvins Denken und Wirken ist auch ein halbes Jahrtausend später in vieler Hinsicht erstaunlich modern und aktuell.

Johannes Calvin im Visier: der europäische Reformator (Bild: ekd).

Im Gebirge: Das Schild markiert eine Grenze – doch das Leben dahinter geht erstaunlicherweise weiter.

HEILSAME STILLE

Irgendwo oben am Berg kommt plötzlich das Schild: „Hier letztmaliger Handyempfang". Gnadenlos eindeutig. Es markiert eine Grenze. Hier hört das Leben auf. Nervös kramen alle in unserer Wandergruppe ihr Smartphone heraus. Noch einmal kurz die Nachrichten checken. Ein letzter Gruß an die Lieben daheim.

Das Handy ist längst auch in meiner Generation Teil der Persönlichkeit, Inbegriff einer Grenzenlos-erreichbar-Gesellschaft. Ich sage das ohne Kritik. Wie hilf-, fast segensreich hat sich das Smartphone gerade in der langen Zeit der Pandemie erwiesen. Es hat uns verbunden, wo Distanzierung angesagt war. – Nun ist es aus. Hier oben am Ende des Ötztals in Tirol auf 2500 Höhenmetern. Wenn man nicht mehr erreichbar ist, muss man sich neu sortieren.

Ungewohnt, wo gibt es das noch mitten in Europa?

Nach dem Schreck wächst die Einsicht, dass es auch mal guttut, abzuschalten. Im wahrsten Sinne des Wortes. „Alles hat seine Zeit" heißt es in der Bibel beim weisen Prediger Salomo im Alten Testament (Kapitel 3). Jetzt ist hier oben die Zeit der Stille. Zeit der Besinnung. Drei Tage verbringen wir am Berg, alle irgendwie erschöpft von den Herausforderungen der letzten Wochen. Stille kann auch sehr bedrückend sein – hier oben in die Bergen wirkt sie anders. Wie heilsam ist es, wenn die Alltagsgeräusche, jedes Surren, Piepen, Klingeln und Vibrieren verstummt sind.

Stille öffnet die Seele. Ja, „alles hat seine Zeit". – Nach drei Tagen beginnt auch wieder die Zeit der mobilen Erreichbarkeit. Doch die Tage zuvor waren ein Geschenk. Ich möchte an diesen Ort zurückkommen und hoffe, dass das Schild dann immer noch steht. Mit der Erfahrung, das Leben geht auch dahinter wunderbar weiter.

Absolute Gewissheit: Die Taufstelle Jesu am alten Flusslauf des Jordans. „Genau hier stand Johannes der Täufer", erklärt uns der kundige Reiseführer mit dem Brustton der Überzeugung – und wir wissen Bescheid.

WENN DER HIMMEL SICH ÖFFNET

„Es war hier, wo Jesus getauft wurde." Der Tourismusführer überschlägt sich fast vor Begeisterung. Dass der jordanische Christ seit Jahren mehrfach täglich Gruppen über den Fußweg am Jordan zur „Taufstelle Jesu" führt, das scheint seinem Enthusiasmus keinen Abbruch zu tun. „Es war hier, genau hier", ruft er immer wieder und bekräftigt seine These anhand von Ruinen einer antiken Ufermauer und der komplizierten Rekonstruktion des alten Flussverlaufs. „Sie stehen hier an einem der heiligsten und wichtigsten Orte der Bibel!"

Ein wenig schmunzeln wir angesichts der zweifelsfreien Sicherheit, wo sich denn jenes Ereignis mit Johannes dem Täufer vor fast 2000 Jahren auf den Meter genau abgespielt haben mag. Ist nicht wichtiger als das Wissen, wo Jesus getauft wurde, die Erkenntnis, dass er getauft wurde?

Am wichtigsten aber ist die Begeisterung für die Taufe. Sie beschäftigt einen, auch nachdem wir diesen malerischen Ort am jordanischen Ufer wieder verlassen haben. Eine Taufe ist eben doch weniger ein historisches Datum, sondern vor allem ein zentrales, sehr persönliches Glaubensereignis.

„Du bist mein lieber Sohn, an dir habe ich Wohlgefallen", sprach Gott damals aus dem sich auftuenden Himmel zu Jesus. Es war der Taufspruch Jesu und das Segenswort für den Weg, den er von nun an gehen sollte.

An meine Taufe habe ich keine Erinnerung. Ich war ein Baby. Es war in einer Kirche irgendwo in Göttingen. Zurück in Deutschland habe ich meine Eltern angerufen und mich nach meinem Taufspruch erkundigt. Gerne möchte ich mir vorstellen, dass sich auch damals, bei mir, für einen Augenblick der Himmel geöffnet hat.

IM BIBLISCHEN ALTER

Adam aus dem Paradies wurde lebenssatte 930 Jahre alt, Noah, der die Arche baute, sogar 950 Jahre. Abraham war schon 100 als er mit seiner Frau Sara, sie selbst über 90, den Sohn Isaak bekam.

Das sind unglaubliche Zahlen, von denen uns die Bibel hier und an vielen weiteren Stellen erzählt. Wichtig ist für mich nicht, ob sie stimmen, sondern die sehr wertschätzende Botschaft dahinter: Leben kann auch im Alter noch sehr fruchtbar und erfüllend sein.

Ich habe meine Großeltern noch lange und bewusst erleben können und viel von ihrer Erfahrung und Lebenshaltung gelernt. In meiner Kirchengemeinde sind wir geradezu darauf angewiesen, dass sich Menschen im Ruhestand ehrenamtlich engagieren vom Besuchsdienst für Kranke, der Flüchtlingshilfe bis zum Kirchenvorstand. Und das gilt wohl für nahezu alle sozialen Bereiche unserer Gesellschaft.

Das vierte Gebot der Bibel „Du sollst Vater und Mutter ehren“ zielt daher auch nicht auf pubertierende Kinder und ihre Eltern, sondern auf Schutz, Würde und Würdigung alter Menschen. Das sprichwörtliche „Biblische Alter“ ist also keine Qual, sondern eine Verheißung.

So erzählt auch der Evangelist Lukas von Zacharias und Elisabeth, die im Herbst des Lebens noch völlig unerwartet ein Kind erwarten. Es gibt jedoch eine Bedingung, damit das gelingt. Zacharias muss neun Monate lang schweigen. Zeit, die er braucht, um die Vorstellung, die er von seiner Frau hat – dass sie alt und unfruchtbar ist – loszulassen. Auf dem Weg ins Alter scheint es weise, die alten Bilder, die wir vom Leben haben, hinter sich zu lassen. Nur so kann Neues, Fruchtbares entstehen.

Mit jetzt mehr als 50 Lebensjahren liegt zwar nicht das Älterwerden, aber das Altsein noch vor mir. Doch es ist gut zu wissen und das macht mich dankbar: Gott hat mit uns Menschen immer noch viel vor. Und er traut gerade den In-die-Jahre-Gekommenen viel Fruchtbares zu.

Lebendige Erinnerungen: Dankbar habe ich noch viele Jahre mit meinem Opa aus Dortmund und auch den anderen Großeltern verbringen dürfen.

WIE DIE KINDER

Wir sind alle mit diesen Gaben geboren worden: sich am Leben zu freuen auch ohne jeden Anlass, vorbehaltlos zu lieben, sich voller Vertrauen in sicheren Armen zu wiegen.

Diese Gaben hat Jesus vor Augen, als er den erwachsenen Menschen, die ihm nachfolgen wollen, einschärft: „Lasst die Kinder zu mir kommen und wehret ihnen nicht. Denn wer das Reich Gottes nicht empfängt wie ein Kind, der wird nicht hineinkommen." (Markus Kapitel 10)

Ich möchte mir das Kind in mir bewahren, auch mit mehr als 50 Jahren Lebenserfahrung. Einiges ist schon verloren gegangen auf dem Weg des Erwachsenwerdens. Enttäuschungen haben einen vorsichtig werden lassen mit zu viel Vertrauen und Liebe. Ein selbstverständliches Geben und Nehmen, wie es für Kinder lebenswichtig ist, hat sich in den Berechnungsmodus gewandelt „Was-bekomme-ich-wenn".

Kinder sind offen und neugierig auf Neues. Missgunst und Hass, Verachtung und Rassismus sind dem Menschen nicht mit in die Wiege gelegt. Wir erlernen sie erst in dem Umfeld, in dem wir aufwachsen, von Menschen, die sie sich oft aus Angst oder Frustration zum Lebensinhalt gemacht haben.

Ich wünsche mir daher in der Schule, in der Familie, in der Politik mehr Lehrerinnen und Lehrer der Achtsamkeit, der Nächstenliebe, der Friedfertigkeit. Nur so kann ein Zusammenleben auf der Welt gelingen. „Selig sind, die Frieden stiften, denn sie werden Gottes Kinder heißen", sagt Jesus an anderer Stelle (Matthäus Kapitel 5, Vers 9).

Viele Menschen haben mit den Lebensjahren einen dicken Panzer um das Kind in sich gebaut. Abrüstung in unserer so kriegerischen Welt fängt darum bei mir selbst an und der Frage: Habe ich Mut, das Kind in mir, das mit großer Sehnsucht auf ein tolles Leben hofft, nach außen zu lassen?

Genau dazu ermutigt Jesus. Und während die Volksseele, so wird erzählt, noch murrt und schimpft, warum so viele Kinder sich zu Jesus drängen, herzt er sie, legt ihnen die Hand auf und segnet sie. Was für ein Zeichen!

Nah dran und mit großer Freude: „Wer das Reich Gottes nicht empfängt wie ein Kind, der wird nicht hineinkommen“, sagt Jesus den Erwachsenen – wie wahr.

Biblisches Tier vor dem Mont-St.-Michel am Eingang der Bretagne: Von Kloster zu Kloster führten die Wege der irischen und angelsächsischen Mission durch weite Teile Europas und sie stärkten sich mit lebensklugen Segenssprüchen.

MÖGE DIE STRASSE …

Der Reisesegen ist ein Schatz der christlichen Religion. Gerade die irische Version ist bei Menschen aller Generationen inzwischen sehr populär.

„Möge die Straße uns zusammenführen und der Wind in deinem Rücken sein." So beginnt ein Segen, der auch wunderbar vertont worden ist. Es gibt viele Worte und -gebete, die so ähnlich sind. Sie alle tragen die Botschaft: Wo immer auf der Welt du bist, du bist nicht allein.

Der Reisesegen weiß aber auch, dass man manchen Kummer im Gepäck mitschleppt. Er weiß, dass das Leben bedroht ist, wenn man das Haus verlässt, weil hinter mancher Ecke Böses lauert. „Hab unterm Kopf ein weiches Kissen, habe Kleidung und das täglich Brot; sei über 40 Jahre im Himmel, bevor der Teufel merkt, du bist schon tot." Die Mönche, die das gedichtet haben, hatten Humor.

Der irische Reisesegen geht auf angelsächsische und keltisch-irische Mönche zurück, die ihren Brüdern, die das Kloster verließen, Mut und Zuversicht zusprechen wollten. Die irischen Mönche waren besonders viel unterwegs, suchten immer wieder neue Gemeinschaften und gründeten dann erneut Klöster. So bauten sie seit dem 6. Jahrhundert ein dichtes Netz christlicher Herbergen über ganz Nord-, Mittel- und Westeuropa auf. Damals alles noch zu Fuß. Der Segensgruß der Heimat war ihr täglicher Begleiter: „Und bis wir uns wiedersehen, halte Gott dich fest in seiner Hand."

Der innere Geist dieser Worte ist ein doppelter: Menschen brauchen Segen zum Leben und sie können ihn weitergeben. Jede und jeder. Segen empfangen und Segen spenden. Darum geht es im Leben. Das gibt dem Leben Sinn.

Der irische Reisesegen möge auch Sie und mich durch den Sommer und die Ferien begleiten. Und auch wenn Sie kein Kloster gründen, Gottes guter Geist möge mit Ihnen sein, Sie beschützen und beflügeln, Frieden und Gemeinschaft zu stiften, wo immer Sie sind.

DER REGENSCHIRM

Nur noch jeder zweite Mensch in unserem Land kennt die Zehn Gebote, war jetzt zu lesen. Keine gute Entwicklung. Denn die biblischen Gebote sind lebenswichtig. Davon erzählt auf ganz eigene Art eine kleine, wunderbare Geschichte von Vater David.

David, so wird erzählt, hatte sich einen wertvollen Regenschirm gekauft. Nun war mal wieder die ganze Familie zu Besuch. Und anschließend war der Schirm weg. Geblieben war nur der schale Verdacht, dass einer aus seiner so ehrenwerten Familie den Festtrubel genutzt hatte und das gute, neue Stück einfach so stiekum entwendet.

Geplagt von der Unehrlichkeit in seiner eigenen Sippe ging David zum Rabbi, der doch immer Rat weiß in wichtigen Lebenslagen. Der weise Mann überlegte und gab Antwort:

„Lade deine ganze Familie ein und halte zum Abschluss eine Bibellesung. Lies die zehn Gebote vor und wenn Du zum siebten Gebot kommt ‚Du sollst nicht stehlen', dann schau ganz genau in Runde und du wirst wissen, wer den Schirm hat." David dankte und zog von dannen.

Wochen später traf der Rabbi Vater David wieder und erkundigte sich nach dem Schirm. Überglücklich erzählte der dem Rabbi: „Ich habe die Lesung gehalten, so wie du gesagt hast, aus den zehn Geboten der Bibel. Alle haben zugehört. Von Gebot zu Gebot. Und dann bin ich zum sechsten Gebot gekommen ‚Du sollst nicht ehebrechen'. Und weißt du, da ist mir eingefallen, wo ich den Schirm habe stehen lassen."

Eine Geschichte mit Augenzwinkern wie so viele Erzählungen mit diesem wunderbaren jüdischen Humor. Sie zeigt neben einem Schmunzeln wie die guten Gebote Gottes immer auch ein fürsorglicher Spiegel unserer Schwächen sind und ein Schutz gegen jede Form von Selbstgerechtigkeit.

Die Zehn Gebote über dem Thora-Schrein in der Bonner Synagoge, besucht von einer Gruppe Konfirmandinnen und Konfirmanden meiner Gemeinde. Begegnungen mit dem Judentum sind immer ein Teil des Unterrichts.

Was es im Himmel alles Leckeres zu Essen gibt … Zeitgenössische Aufnahme aus der Schweiz.

VOM HIRTENKÄSE MIT KNÄCKEBROT

Ein Mann kommt in den Himmel. Er klopft an die Himmelstür, Petrus lässt ihn ein und nun freut er sich auf all die paradiesischen Sachen, die ihn dort erwarten. Aber die erste Enttäuschung schon am Abend:

Zum Essen gibt es Hirtenkäse mit Knäckebrot. „Na gut", denkt der Mann, „vielleicht ist ja heute Fastentag. Warte ich auf morgen". Doch auch tags drauf gibt es wieder Hirtenkäse mit Knäckebrot. So wagt der Mann einen Blick über die Wolke hinunter in die Hölle und sieht, wie die Menschen dort alle schlemmen. „Was ist los", fragt er Petrus. „Ich bin doch hier im Himmel!" Petrus nickt und spricht: „Das stimmt. Doch weißt du, für zwei Leute warme Küche, das lohnt einfach nicht!"

Wir Menschen haben sehr genaue Vorstellungen, wie das mit Himmel und Hölle ist. In der Bibel findet sich dazu erstaunlich wenig. Es war die Kirche selbst, die im Mittelalter mit phantasievollen wie bedrohlichen Ausschmückungen entscheidend dazu beigetragen hat, solche Bilder in unseren Köpfen zu verankern. Die kleine Anekdote bricht damit und das gefällt mir – in doppelter Hinsicht. Erstens: Himmel und Hölle sehen anders aus als wir uns das so ausmalen. „Siehe, ich mache alles neu", spricht Gott in der Offenbarung (Kapitel 21) und das gilt auch für alle Vorstellungen von jüngstem Gericht, Teufel und Erlösung.

Und zweitens: Ich sollte getrost Gott überlassen, wie er die Ewigkeit für mich gestaltet und wer in den Himmel und in die vermeintliche Hölle gehört und wer entsprechend belohnt wird oder auch nicht. Der Glauben an die Auferstehung zählt. Das macht mich demütig. Und dankbar. Denn ich höre auch die Zusage, dass mich „nichts trennen kann von der Liebe Gottes, die ich in Jesus Christus finde, unserem Herrn", wie es der Apostel Paulus schreibt (Römerbrief Kapitel 8). Das ist schon viel mehr, als ich mit Händen greifen kann. Das ist mein Schwarzbrot für alle Zeiten. Wer mag sich da noch über Hirtenkäse und Knäckebrot beklagen?

ALS LETZTES KOMMT DAS RETTUNGSBOOT

Die Hoffnung stirbt zuletzt, sagt der Volksmund. Manchmal stirbt die Hoffnung auch zu früh, denke ich, seitdem ich im Urlaub einen Seenotkreuzer besichtigt habe.

Menschen werden auf hoher See über Bord gespült und ertrinken. Nicht etwa, weil die Wellen zu hoch sind oder das Meer zu kalt. Bei 5 Grad Wassertemperatur könnten es Menschen eine Stunde schaffen, bei 15 Grad sogar bis zu sechs Stunden, berichten die Seeleute. „Aber du glaubst es nicht. Dein Kopf spielt nicht mit." So geht mancher unter, der gut hätte gerettet werden können.

„Erst stirbt die Hoffnung, dann der Mensch, als Letztes kommt das Rettungsboot", bringt der Kapitän das im Ernstfall so bedrohliche Zusammenspiel von Körper und Geist auf den Punkt.

Er erzählt die Geschichte von Jesus und den Jüngern, die über den See gehen. Als Petrus seinen Herrn nicht mehr sieht, wird der Glaube klein und er sinkt ein. „Wer flach auf dem Wasser liegt, für den beginnt der Horizont schon bei der Hälfte", erklärt der Kapitän. „Das Rettungsboot hat dich schon im Visier, aber du siehst es nicht und säufst ab."

Hoffnung müsse man lernen, „Dass man sie wie ein einem Rettungspaket parat hat, wenn es darauf ankommt", sagt er noch. „Darum gehen Menschen doch auch in die Kirche und lassen sich von Jesus und seinen Lebensrettungen erzählen." Darum mache er nun seit Jahren fast täglich diese Führungen über das Boot und berichte von seinen eigenen Erfahrungen. Es sind Geschichten von Menschen und vom tiefen, schwarzen Wasser. Geschichten, die anfangs völlig hoffnungslos erscheinen – und die doch viel öfter als gedacht ein gutes Ende nehmen.

„Hoffnung muss man lernen", sagt der Seenotretter und weiß spannende Geschichten zu erzählen. Es geht um Leben und Tod. Überlebenswichtig, dass es diese Organisation gibt. Sie ist allein spendenfinanziert (Foto: DGzRS).

HOTEL GOTTES

Es war 1443. Der Krieg war gerade einmal wieder verheerend durchs Land gezogen. In der Stadt Beaune fanden sich Flüchtlinge, Kranke, Sterbende an allen Ecken.

Nicolas Rolin, Kanzler des Herzogs von Burgund, sah das Elend und handelte, wie sich das für einen guten Politiker gehört. Er baute ein Krankenhaus. Allerdings kein normales und auch nicht wie üblich weit draußen vor den Toren der Stadt. Mitten im Zentrum errichtete er ein Schloss mit herrschaftlich gestalteten Schlafräumen, großzügigen Verzierungen, kunstvollen Holzgiebeln und wertvollen Wandvorhängen. Das Dach ließ er eigens mit bunten Ziegeln decken, was stilbildend für ganz Burgund werden sollte.

Ein Krankenhaus mit Vorbildcharakter. Auch noch für uns heute. Im Volksmund heißt das Haus „Palast der Armen". Genau das war die Intention seines Erbauers. Denn kranke Menschen brauchen nicht nur einen guten Pfleger und Ärzte, sondern auch das Gefühl: Du bist keine Last, sondern wichtig und wertvoll. Und je kränker der Mensch ist, umso wichtiger erscheint mir diese Wertschätzung.

Das ist fast 600 Jahre her. Wäre das heute denkbar: ein Palast für die Armen? Das beste Krankenhaus am Platz nicht für die Privatpatienten, sondern für die, die gar keine Versicherung haben?

„Das, was ihr meinem geringsten Bruder getan habt, das habt ihr mir getan", hat Jesus gesagt. Dieses Wort hat Kanzler Rolin inspiriert für seinen Bau. „Hôtel-Dieu" heißt das Haus im Französischen – „Herberge Gottes." Also ein Haus für Gott. Mehr noch – und das kann man spüren, wenn man das Gebäude besucht: Gott ist eingezogen in dieses Haus. Und mit ihm der Aufruf an uns alle, Menschen, die Unterstützung brauchen, nicht nur Erste Hilfe und manches Trostpflaster zukommen zu lassen, sondern vor allem Wertschätzung – gerade denen, die nicht damit rechnen.

Mehr als nur einen Abstecher wert auf dem Weg nach Südfrankreich: Eindrucksvoll und ein Vorbild für jedes Krankenhaus auch heute, der „Palast der Armen“ in Beaune im französischen Burgund.

Engel: Kleines Figürchen mit wichtiger Botschaft und hohem persönlichen Erfahrungswert.

EIN ENGEL FÜR DICH

Glauben Sie an Engel? – Ich tue es. Und ich glaube, zu Engeln gehören immer Geschichten.

Mit 19 Jahren bin ich mit viel Glück einem Unfall ausgewichen, einem, den ich selbst verursacht hätte. Ich, gerade frisch mit Führerschein, hatte mich auf einer großen Straße verfahren, war in Eile und dachte: Mist: Du musst genau in die andere Richtung! Bei vollem Tempo habe ich dann einfach das Lenkrad rumgerissen. Mein „R6“ lag mit zwei Rädern in der Luft.

Der Wagen fiel nicht um und ich bin auch nicht in den Gegenverkehr gerauscht, der schneller kam, als erwartet. – Glück gehabt? Zufall? Die Schwerkraft? Oder doch Engel? Ich weiß es nicht. Es ist auch nicht entscheidend. Vielleicht eine gute Mischung. Auf jeden Fall habe ich diese Geschichte nie vergessen, und ich glaube, dass es gute Mächte gibt, die einen, auch wenn man selbst etwas richtig falsch gemacht hat, vor großem Unheil bewahren.

Sicher: Es gibt viele Geschichten, die nicht gut ausgehen. Da kann man nachher nichts von Engeln erzählen. Aber es gibt eben auch mindestens so viele, und ich glaube, es sind sogar noch mehr, da entwickeln sich Dinge völlig überraschend besser als erwartet: Ich habe das im Krankenhaus erlebt bei Menschen, die sehr schwer erkrankt waren und sogar die Ärzte keine Hoffnung mehr hatten. Ich habe das bei heftigen Streits in Familien erlebt, wo ich dachte: Hier wächst kein Gras mehr.

Das Leben findet eigene Wege. Und da spielen Engel eine Rolle. Klar, es gibt keinen Anspruch auf sie. Ich kann mir einen Schutzengel auch nicht vorab buchen. Aber ich darf darauf vertrauen, dass Gottes Boten mein Leben begleiten. Still und unerkannt. Und das viel öfter als ich mir das vorstelle.

Meine Tochter macht jetzt den Führerschein. Ich werde ihr einen Engel schenken. Nicht weil ich glaube, dass dieses Figürchen da magische Kräfte hat und sie in jeder Kurve beschützt.

Aber vielleicht erinnert er sie daran, dass kein Mensch unsterblich gut Auto fährt. Und sie selbst fährt ein wenig achtsamer, wenn sie ihn sieht. Von Gott behütet.

Womit machen wir unsere Liebe fest? Wie sagen wir Dinge, die Bestand haben sollen, auch über unsere Zeit hinaus? Eine derzeit populäre Möglichkeit findet sich hier wie an vielen anderen Brückengeländern auch. Wen die Liebe hier verbindet, bleibt allerdings ein Geheimnis.

EIN BRIEF

In Deutschland gibt es jährlich mehr als 5.000 Unfalltote, meldet das Statistische Bundesamt. Menschen, die urplötzlich aus dem Leben gerissen werden. Das sind 14 Personen täglich.

Von einigen Fällen in der Bonner und Kölner Region kann ein Kollege von mir persönlich erzählen. Er ist Notfallseelsorger und kennt das ohnmächtige Gefühl auf einer Straße neben einem leblosen Körper zu stehen. Noch mehr aber die bedrückende Situation an einer fremden Tür zu klingeln und Menschen gleich eine schreckliche Botschaft überbringen zu müssen.

Mein Kollege nimmt sich Zeit auch in den Tagen und Wochen danach, mit den Angehörigen, die so plötzlich von dem Tod eines geliebten Menschen heimgesucht wurden, zu reden, zu trauern, zu beten. „Da reißt ein Lebensfaden mit einem Mal ab und ein ganzes Lebensnetz gerät bedrohlich ins Wanken“, sagt er. Bei tödlichen Krankheiten habe man wenigstens Zeit, Abschied zu nehmen. Das sei hilfreich. In 5.000 Fällen geht das nicht.

Weil das so ist, hat er für sich selbst eine Art „Vorsorge getroffen“, wie er es nennt. „Ich habe einen Brief geschrieben, an meine Frau und meine Kinder. Und das niedergeschrieben, was ich Ihnen gerne sagen würde, wenn ich es nicht mehr selbst kann. Dass ich sie liebe, dankbar und stolz bin auf so vieles mit ihnen und dass ich glaube, dass Gott mir aus dem Himmel ein Fenster öffnet, dass ich sie auch weiterhin sehen kann und bei ihnen bin.“

Der Brief muss hoffentlich nie geöffnet werden, denke ich. Aber es ist gut, dass es ihn gibt.

SATT AN LEIB UND SEELE

Vieles im Leben erscheint mangelhaft. Wir haben einen geübten, sorgenvollen Blick für die Defizite dieser Welt. Sei es im politischen Bereich, da reicht schon ein Blick in die Tagesnachrichten, sei es im persönlichen Bereich. Ich denke an die Erziehung meiner Kinder, die Ansprüche an die Partnerin, die Kollegen im Dienst ...

Das Erntedankfest an diesem Sonntag möchte mit einer kleinen Erinnerungsgeschichte einen anderen Blick einüben (Matthäus Kapitel 16, Verse 5-10). Es geht, passend zur Ernte, um ausreichend Brot und Essen. Viel Volk ist zusammengekommen, um Jesus zu hören Die Jünger haben jedoch wieder einmal große Bedenken, dass das Brot nicht reicht, um alle zu ernähren.

Jesus erwidert: „Macht euch keine Sorgen. Es ist doch nicht so, dass ihr nichts habt!" Und er erinnert an die Wundergeschichten, die die Jünger sogar live miterlebt hatten. Als sie mit nur fünf Broten und zwei Fischen 5000 Menschen gesättigt hatten. Oder an anderer Stelle noch einmal mit sieben Broten 4000.

Wunder erleben heißt eben noch nicht an Wunder glauben. Oder zumindest so zu vertrauen, dass sich Wunder wiederholen können. Das geht aber. Denn es geht hier nicht um Zahlenspiele, sondern um die Botschaft: Mensch, du hast oft mehr als du glaubst. Immer hat es gereicht, auch wenn es manchmal einem Wunder glich. Und sollte das einmal nicht so sein, dann gibt Gott dazu, was du zum Leben brauchst. Einmal blieben sogar sieben Körbe voller Brot übrig. Eine kleine Pointe für die besonders Sorgenvollen.

Wer sich auf Glaube, Hoffnung und Liebe einlässt, wird immer mehr haben als er zum Leben braucht. Das verspricht Jesus seinen kritischen Jüngern damals und das verspricht er auch uns heute, auch mir, dem besorgten Bürger, Pfarrer, Vater und Ehemann.

Dieses Versprechen verbindet Jesus allerdings mit einem Wunsch: Übe einmal einen anderen Blick auf deine Umwelt. Nicht den schalen Blick auf das, was fehlt. Sondern den Blick der Dankbarkeit auf das, was ist. Und du wirst neu sehen und erleben, wie du mit Leib und Seele satt wirst.

Erntedankfest erscheint als Fest aus uralten Zeiten. Kaum einer bestellt heute mehr Felder, gräbt Äcker um oder treibt Vieh über die Weide. Wobei der Dank für die, die das noch tun, ist Grund genug für einen Festsonntag. – Erntedank ist auch heute zeitgemäß. Denn die Kunst zu danken ist die Kunst zu leben.

MUTMACHLIED

Der Tag der Deutschen Einheit ist ein Feiertag. Für mich auch deshalb, weil er daran erinnert: Große politische Veränderungen brauchen nicht zwingend die Erstürmung von Bastionen oder eine gewaltsame Revolution.

Sie können sich friedlich ereignen. Diese Erinnerung ist wichtig, gerade jetzt, da wir nahezu täglich erleben, wie sehr Gewalt und Vergeltung, Krieg, Vertreibung und Flucht die globale Landkarte beherrschen.

Ganz anders die Erinnerung an die Wiedervereinigung. Sie führt mich zurück zu den unzählig vielen Menschen, die nur mit brennenden Kerzen bewaffnet durch Leipzig, Dresden und viele weitere Städte zogen. Zu den offenen Kirchen, die Ausgangspunkt waren für viele Demonstrationen, den rappelvollen Gotteshäusern, die Menschen – auch solchen, die der Kirche eher ferne standen – Schutz boten und Raum gaben für das wachsende Selbstbewusstsein: Wir sind mit unseren Sehnsüchten und Hoffnungen nicht alleine. Wir können unsere Welt verändern! Der Tag der Deutschen Einheit ist insoweit auch ein wichtiger Tag der Kirchengeschichte.

Vielleicht möchte man als frommer Mensch nicht so weit gehen, in der friedlichen Wiedervereinigung ein direktes Zeichen für Gottes Handeln in unserer Welt zu sehen. Doch ich möchte auch nach inzwischen mehr als drei Jahrzehnten noch in einen Text von 1989 einstimmen, der sich inzwischen als Lied im Evangelischen Gesangbuch (EG) befindet:

„Wir beten für den Frieden, wir beten für die Welt. – Wir beten für die Müden, die keine Hoffnung hält. – Wir beten für die Leisen, für die kein Wort sich regt. – Die Wahrheit wird erweisen, dass Gottes Hand sie trägt.“ (Text: Peter Spangenberg 1989, EG 678)

Ein Lied aus der Erfahrung, dass Gott seinen Segen gibt allen, die sich für Frieden einsetzen. Ein Mutmachlied, auch für die Welt heute.

Deutsche Einheit 1989: Der Mauerfall ist Geschichte. Man muss manchmal schon über die Reste stolpern, um sich dankbar zu erinnern.

Nichts kann uns scheiden von der Liebe Gottes und seiner Barmherzigkeit, heißt es in der Bibel. Und welches Glück ist es, wenn das auch unter zwei Menschen gelingt.

ÜBER MAUERN

Liebe überwindet Mauern. Wer's nicht glaubt, kann sich keine 100 Kilometer von Bonn entfernt, gleich hinter der Landesgrenze, eines Besseren belehren lassen.

Auf einem alten Friedhof im niederländischen Roermond findet sich eine Grabstätte. Sie führt einen 150 Jahre zurück. Ein Ehepaar hat hier seine letzte Ruhe gefunden. Sie war katholisch, adelig von hohem Stand. Er ein Protestant und Bürgersohn. Sie stammte vom Niederrhein. Er kam aus Amsterdam. Welten trafen aufeinander. Doch ihre Liebe ließ die Grenzen schmelzen wie Schnee im Frühling, die Standesgrenzen, die Konfessionsgrenzen, die Landesgrenzen.

Religion und Herkunft hatten für die beiden keine Bedeutung. Zumindest keine, die sie trennen sollte.

Ein Skandal für die Welt, in der die beiden lebten. Was mag sich dieses Paar zugemutet haben! Spießrutenlaufen durch die Familie, durch die Stadt. Zumindest aber Kopfschütteln, wohin sie kamen. Sogar als die beiden Liebenden starben, war es nicht möglich, sie nebeneinander zu begraben. Der katholische und der evangelische Teil des Friedhofs waren durch eine hohe Mauer getrennt.

Ihre Kinder aber waren in die Schule der Liebe ihrer Eltern gegangen. Sie fanden eine erstaunliche Lösung: Vater und Mutter wurden Kopf an Kopf dies- und jenseits der Mauer beerdigt. Er auf dem evangelischen Teil, sie auf dem katholischen. Und ihre Grabsteine waren höher als die Mauer. Aus ihnen heraus griffen steinerne Hände, die einander über der Mauer festhalten.

So steht die Grabstätte dort bis heute. Sie ist die Erinnerung an zwei ganz besondere Menschen. Doch sie ist noch mehr: ein christliches Denkmal im wahrsten Sinne des Wortes.

MENSCH UND GOTT

Es ging ums Eingemachte. Weise und fromme Vertreter aus der ganzen Welt waren zusammengeströmt. Es wurde heftig diskutiert, oft bis in die Nacht hinein. Fast einen ganzen Monat lang.

Chalkedon war der Treffpunkt, heute ein Stadtteil in Istanbul in der Türkei. Es war im Jahr 451 und begann genau in diesen Tagen im Oktober.

Am Ende steht eine zentrale Entscheidung für das Verständnis des christlichen Glaubens: Jesus Christus ist Mensch und Gott. Beides. Nicht nur der vorbildliche Mensch und eindrucksvolle Prediger und auch nicht nur ein göttliches Wesen, das sich vorübergehend mal kurz in Menschengewand gekleidet hat. „Wahrer Mensch und wahrer Gott" lautete die Formel des Konzils, die später Dogma der Kirche wurde und bis heute ökumenische Lehrgrundlage aller christlichen Kirchen ist.

Es ist beeindruckend nachzulesen, wie engagiert die Menschen um hilfreiche Aussagen für ihren Glauben gerungen haben. Unverdrossen auf der Suche nach Wahrheit und doch ahnend, dass sie sich mit einem Bein bereits in Bereichen befinden, wo der Mensch nichts mehr aussagen kann. Diesen Enthusiasmus und die Ehrfurcht im Ringen um Glaubensinhalte würde ich mir auch heute öfter wünschen statt vorschnell auf Tauchstation zu gehen nach dem Motto: Soll doch jeder glauben, was er will!

Chalkedon verdanken wir, dass ein Kernbestand des christlichen Glaubens erhalten geblieben ist, der uns übrigens im Kreis aller Religionen das besondere Profil gibt: Mein Gott, an den ich bete, ist nicht nur ein Vater im Himmel, und damit auch oft weit weg. Er ist mir zugleich ganz nah wie ein Bruder, teilt meine Schmerzen, kennt meine Hoffnungen, denn er hat sie selbst erfahren. Eben wahrer Mensch und wahrer Gott. Gerade diese Einsicht macht mir den Glauben so wertvoll, gibt mir immer wieder neu Trost und Kraft.

Warum Theologen immer so streng aussehen, ist ein noch ungeklärtes Rätsel der Kunstgeschichte. Paulus-Ikone aus Korinth. Die Überlieferung des Apostels war eine Grundlage für die Ausformung der Christologie in der frühen Kirche.

Wir leben in einer Welt und es gibt ein gutes Gefühl, wenn Kinder sie auf ihren Händen tragen – Aufnahme aus dem Bonner Partnerkirchenkreis Kusini in Tansania.

BROT FÜR DIE WELT

Was braucht der Mensch zum Leben? Am 16. Oktober ist der Welternährungstag. Ein Tag, der Anstoß gibt, über diese Frage nachzudenken.

„Unser täglich Brot gib uns heute", lehrt Jesus im Vaterunser beten. Doch was bedeutet diese Bitte in unserer Überflussgesellschaft? Ein Drittel aller Lebensmittel landen bei uns in der Mülltonne: Weil Form oder Farbe des Obstes nicht den Normangaben entsprechen, weil das Verfallsdatum des Honigs überschritten ist, obwohl der auch nach Jahren zwar klumpen, aber nicht wirklich schlecht werden kann, weil sich Menschen in der Auslage der Geschäfte stets ein unerschöpfliches, fast schon paradiesisches Angebot wünschen.

Ich finde, gerade weil die allermeisten von uns – Gott sei Dank – keine Sorge um das tägliche Brot haben müssen, ist es unsere Aufgabe, mit dem Reichtum bewusster umzugehen. Und das heißt für mich: Ich achte beim Einkauf darauf, mir nur das in den Warenkorb zu packen, was meine Familie und ich in absehbarer Zeit auch wirklich essen werden. Der Apfel aus dem Vorgebirge ist mir lieber als die exotische Frucht aus Fernost. Bio- und fair gehandelte Produkte sind erste Wahl.

Jesus spricht bewusst von „Unser Brot", nicht „mein Brot". Es geht nicht darum, dass allein ich satt werde, sondern alle Menschen auf dieser Welt sind im Blick. Seit Jahren rechnen uns Experten vor, dass dies möglich ist, wenn die Verteilung der Lebensmittel auf unserer Erde nur gerechter wäre. Genau das ist für mich das Anliegen des Welternährungstags, den die Vereinten Nationen 1979 eingeführt haben. Denn es ist genug für alle da. Gegen die weit verbreitete Haltung „Da kann doch ich nichts ändern" können wir also mit dem Einkaufskorb unter dem Arm sagen: Hier kann wirklich jeder seinen Beitrag leisten.

ZWEIFELN UND GLAUBEN

Es geht um Leben und Tod. Das Kind ist krank, sterbenskrank. Fast nichts ist schlimmer, als wenn Eltern das Gefühl haben, ihrem Kind nicht mehr helfen zu können. Es ist zum Verzweifeln. Zum Verzweifeln auch an Gott.

Warum mein Kind? Warum wir? Wer könnte das nicht nachempfinden. Und doch ist da irgendwo die Hoffnung, vielleicht als letzte Rettung, dass Gott doch etwas bewirkt, womit keiner mehr rechnet. Ein Wunder. „Ich glaube, hilf meinem Unglauben“ ruft der Vater Jesus an. Er schreit ihn geradezu an.

Für mich ist das eine der ergreifendsten Geschichten der Bibel, erzählt im Markus-Evangelium (Kapitel 9). Auch eine Geschichte über den Glauben. Bewegt sich doch jeder Glaube immer wieder auf einem schmalen Grad zwischen Zuversicht und Zweifeln. Und in einer Lebenskrise umso mehr.

Und dann geschieht das Unfassbare. Jesus heilt den Jungen. Und zwar, ohne dass der Glaube des Vaters ein anderer geworden wäre. Ohne dass der Zweifel ausgeräumt oder die klagenden Fragen beantwortet worden wären.

Das ist es, was diese Geschichte für mich so ermutigend macht. Weil sie klarmacht: Der Zweifel ist nicht das Gegenstück zum Glauben. Er gehört dazu. Entscheidender ist, wie ich damit umgehe und ob ich bereit bin, den Zweifel auch mal stehen zu lassen.

„Ich glaube, hilf meinem Unglauben.“ Der Satz des Vaters ist der für mich berührendste dieser Geschichte. Denn er sagt mir: Ich kann mich an Gott wenden, auch wenn er mir unglaublich weit weg erscheint. Dem Vater des Jungen hat das damals gereicht. Und es reicht auch heute.

Glauben und Zweifeln liegen nah beieinander und das ist auch völlig okay so – davon erzählt die Bibel in vielen berührenden Geschichten.

AUS LIEBE

„Mein Sohn war tot und er ist wieder lebendig geworden.“ In diesem Satz des Vaters gipfelt die Geschichte „Vom verlorenen Sohn“ in der Bibel (Lukasevangelium Kapitel 15, Verse 11–32). Es ist toll, wenn eine schwierige Familiengeschichte so heilt, dass nach Jahren der Entfremdung und Distanz ein Vater einen solchen Satz sagen kann.

Die Story: Der jüngere Sohn hatte sich seinen Erbteil auszahlen lassen, um einen eigenen Weg zu gehen. Ein normaler Schritt, der ältere Bruder blieb auf dem Hof zurück. Doch es läuft anders als geplant. Der Sohn scheitert, alles Geld ist weg und er muss reumütig zurückkehren. Gut, wenn dann eine Tür offensteht. Und wenn keiner fragt: Was willst Du noch hier!

„Mein Sohn war tot und er ist wieder lebendig geworden.“ Dies ist die größte Verheißung des christlichen Glaubens: Auferstehung. Sie kann bereits mitten im Leben beginnen. Davon erzählt die Geschichte vom „Verlorenen Sohn“. Auferstehen nach einer Krise, nach einer schweren Krankheit, einer gescheiterten Beziehung, auf einem Lebensweg, auf dem ich irgendwann falsch abgebogen bin …

Der Vater an der offenen Tür steht für Gott, der jeden Menschen ohne Vorbehalt empfängt, ohne Voraussetzung. Einfach aus Liebe. Der Vater steht sogar schon an der Tür, erzählt die Bibel, und hält Ausschau, damit er da ist, wenn der Sohn vielleicht wiederkommt.

Eigentlich müsste die Geschichte heißen „Vom liebenden Vater“. Sie ist eine Vorbildgeschichte für uns. Die Wege des Lebens laufen nicht geradeaus. Darum sind Menschen wichtig, die andere nicht aufgeben. Die Türen offenhalten, wo andere denken, da geht nichts mehr. Aus Liebe zum Menschen, aus Liebe zum Leben.

Auch eine geöffnete Kirche trägt etwas von der Botschaft der Geschichte vom verlorenen Sohn.

„Give peace a chance“, mit Phantasie und Witz: Jugendlicher bei einer Friedensandacht in meiner Gemeinde.

OHNE MICH!

Man muss sich nicht jeden Konflikt persönlich anziehen. Von dieser weisen Erkenntnis für das menschliche Zusammenleben erzählt die Bibel in einer Beispielgeschichte und zwar im Evangelium des Lukas (Kapitel 9):

Jesus ist auf seiner Wanderung durch Israel und sucht in einem Dorf Herberge. Doch die Bewohner geben ihm kein Bett, denn er zieht hinauf nach Jerusalem. Für die Menschen in dem Dorf ist das ein Ort des Unfriedens und Unglaubens und sie sagen: „Pilger nach Jerusalem sind bei uns nicht willkommen!" Auf fatale Weise ist man an den Konflikt in Israel und Palästina heute erinnert. Der Glauben trennt die Menschen. Und diese Trennung führt all zu oft zu nichts als Gewalt. Auch die Jünger Jesu wollen Rache nehmen für diese doch so unerhörte Provokation: „Herr, willst du, so wollen wir sagen, dass Feuer vom Himmel falle und sie verzehre!"

Jesus aber, erzählt Lukas, wandte sich ab, wies sie zurecht und ergänzt dann noch, weil die Jünger wohl nicht recht verstanden: „Welch Geistes Kinder seid ihr! Der Menschensohn ist nicht gekommen, das Leben der Menschen zu vernichten, sondern zu erhalten."

Um Leben zu erhalten, muss man sich lösen aus alten Konflikten. So wie dem bis heute so brenzligen zwischen den Religionen in Israel. Den Konflikt sehen – ja; ihm nicht ausweichen – ja; aber auch nicht jeden Konflikt annehmen und auf die Spitze treiben – dafür steht Jesus und damit gibt er sein Beispiel, wie sich Glauben in unserer Welt auswirken sollte. Gott schickt gerade kein „Feuer vom Himmel" und wir Menschen haben in Gottes Namen auch kein Recht, es zu entfachen.

Das gilt auch bei uns, wo Leute versuchen, den Konflikt zwischen den Religionen, aktuell zwischen Islam und Christentum, zu schüren. Menschen, die in ihrem Glauben ruhen, halten Maß, zündeln nicht mit Hass, sondern stiften Frieden.

AM FELS ZERSCHELLT

Sie muss wunderschön gewesen sein, als sie dort am Mittelrhein auf dem Felsen saß, sang und dabei ihr langes, güldenes Haar kämmte: die Loreley.

Scharenweise muss diese geheimnisvolle Frau die Schiffer so in den Bann gezogen haben, dass diese nicht mehr auf die gefährliche Strömung achten konnten und ihre Schiffe zu Hauf am Felsenriff zerschellten.

Heute weiß auch der geneigte Rheinromantiker: Die Geschichte von der schönen Nixe an der Loreley ist eine Legende. Aber Legenden haben immer einen wahren Kern. Das wissen wir auch aus der Bibel, die selbst viele Legenden in ihren Überlieferungsschatz aufgenommen hat.

Der wahre Kern der Loreley sind die gesunkenen Schiffe und die Felsen im Wasser, die man noch immer bei jeder Vorbeifahrt gut erkennen kann. Und dass der Mensch halt immer Ausflüchte sucht: „Nein, nicht ich, der Kapitän, habe mein Schiff auf Grund gesetzt. Schaut her: Schuld tragen höhere Gewalten und diese schöne, doch heimtückische Frau!“

Ich liebe seit Kindertagen die Geschichte von der Loreley. Sie ist für mich heute aber auch ein Lehrstück, es anders zu machen: Ich wünsche mir Mut, zu eigenem Versagen zu stehen. Und ich wünsche mir – denn das ist Voraussetzung für diesen Mut – Menschen, die vergeben können. Beides lese ich in der Bibel und habe das Wort Jesu im Ohr: „Vergebt einander, so wird auch euch vergeben“ (Lukasevangelium Kapitel 6, Vers 37). Denn niemand ist perfekt und ohne Vergebung gibt es kein Leben.

Doch Vergebung ist heute an vielen Orten unserer Welt ein Fremdwort: in der großen Politik, aber auch im ganz persönlichen Umgang mit Menschen, die einem nahe sind. Wer keine Vergebung zu erwarten hat, dichtet im schönsten Fall Geschichten wie die von der Loreley. In den meisten Fällen aber wird der Mensch hartherzig und bösartig.

Ich möchte meinen Kindern mehr Legenden der Liebe erzählen. Und die haben auch einen wahren Kern, und der handelt nicht selten von Vergebung.

Rheinromantik ist wie alle großen Gefühle zeitlos. Man muss nur einen guten Ort finden, sie auf sich wirken zu lassen.

Hautfarbe? Herkunft? Keine Ahnung. Das spielt für Kinder keine Rolle. Wichtig sind der Mensch und die Freude am Leben.

EBENBILD GOTTES

Die eine Mutter ist Türkin, das höre ich am Namen. Das Elternpaar, das neben mir sitzt, kommt aus Griechenland. Ein paar Brocken ihrer Sprache habe ich erkannt.

Der Vater dort drüben am Tisch sieht asiatisch aus. Korea, Indonesien? Ich weiß es nicht. – Es ist Elternabend in der Grundschule, und ich finde es spannend zu hören und zu sehen, wo die Menschen herkommen. Hautfarben und Sprachen mischen sich. Es herrscht eine muntere Stimmung.

Am nächsten Morgen frage ich meine Tochter nach den Kindern zu den Eltern. Wie ist denn das dunkelhäutige Mädchen? Kennst Du den asiatischen Jungen? Sie zuckt mit den Schultern. Wer ist hier schwarz? Ihre Kriterien sind andere: Wer kann gut Fußball spielen, wer ist überhaupt nett und auf wen kann man sich als Freund verlassen. Das ist wichtig und daran erkennt man die Menschen.

Ich fühle mich ein wenig beschämt mit meiner Frage nach Äußerlichkeiten. Für Kinder zählen sie nicht. Wir Erwachsenen sind schnell dabei, andere einzuordnen nach Herkunft, Hautfarbe, Religion oder Rasse. Was sagen diese Merkmale über den Menschen aus? Nichts.

Am 15. September 1935 verabschiedeten die Nazis mit großer Inszenierung die „Nürnberger Rassegesetze“. Einstimmig wurden sie damals im Reichtags angenommen. Auf zynische und menschenverachtende Weise legitimierten sie die Judenverfolgung und das perverse Denken von vermeintlichen Über- und Untermenschen, deutschem Blut und deutscher Ehre. Gruselig.

Ich bin froh und dankbar, dass meine Kinder heute anders aufwachsen. Jeder Mensch, ohne Ausnahme, ist gleich wertvoll und einzigartig. Die Bibel hat diese Sicht in einem wunderbaren Bild beschrieben: Jeder Mensch ist ein „Ebenbild Gottes“, heißt es im ersten Buch Mose (Kapitel 1, Vers 27). Damit ist alles gesagt.

TEILEN

Der Herbst ist angebrochen. Die vergangene Woche voller Wind und Regen haben mich deutlich spüren lassen: Es wird Zeit, sich winterfest zu machen.

Warme Socken schützen vor kalten Füßen, dicke Pullis machen auch kühle Tage erträglich. Doch was schützt die Seele in frostiger Zeit? Oder anders gefragt: Kann man die Seele winterfest machen?

Jesus erzählt dazu ein Gleichnis (Lukas-Evangelium Kapitel 12). Und zwar von einem reichen Kornbauern, der im Herbst – ist es nur die Jahreszeit oder der Herbst seines Lebens? Das bleibt offen – auf jeden Fall fährt dieser mit reicher Ernte gesegnete Mann all sein Hab und Gut in die Scheune, baut sogar extra noch eine größere dazu, um all seinen Reichtum sicher bunkern zu können.

Dem eigenen Seelenfrieden allerdings bringen diese Maßnahmen wenig. Denn Gott spricht zu ihm: „Du Narr! Diese Nacht wird man deine Seele von dir fordern; und wem wird dann gehören, was du angehäuft hast?“ Und Jesus zieht dann die Bilanz dieses Gleichnisses: „So geht es dem, der sich Schätze sammelt und ist nicht reich bei Gott.“

Reich bei Gott sein – diesen Reichtum erwirbt man nicht durch Bunkern, sondern durch Teilen. Das ist die einfache Botschaft dieser Geschichte. In den Tagen, die nun kälter und immer früher dunkel werden, gibt es viele Gelegenheiten, mit anderen Menschen Reichtum zu teilen: Das kann Geld sein, das kann aber auch etwas mehr Zeit sein für den Partner, die Kinder, den Nachbarn, ein Spaziergang, ein gemeinsames Essen, ein offenes Ohr, ein wacher Blick für das, was mein Nächster gerade braucht. Es gibt so vieles, was wir miteinander teilen können und was erst in der Gemeinschaft wirklich reich macht.

Warme Socken, dicke Pullis sind Schutzkleidung für das Äußere des Menschen. Damit es auch in der Seele warm wird oder bleibt, sollte ich mich öffnen für meine Mitmenschen. Je kälter es wird, umso mehr. Und wo das geschieht, da bin ich mir sicher, kommen wir alle gut über den Winter.

Gemeinsam unterwegs trotzen wir Wind und Regen, und das macht sogar Spaß: Wanderung über Planken durch das herbstliche Hochmoor im Hohen Venn in Belgien gleich hinter der Grenze nach Deutschland. Ein Tagesausflug für Körper und Seele.

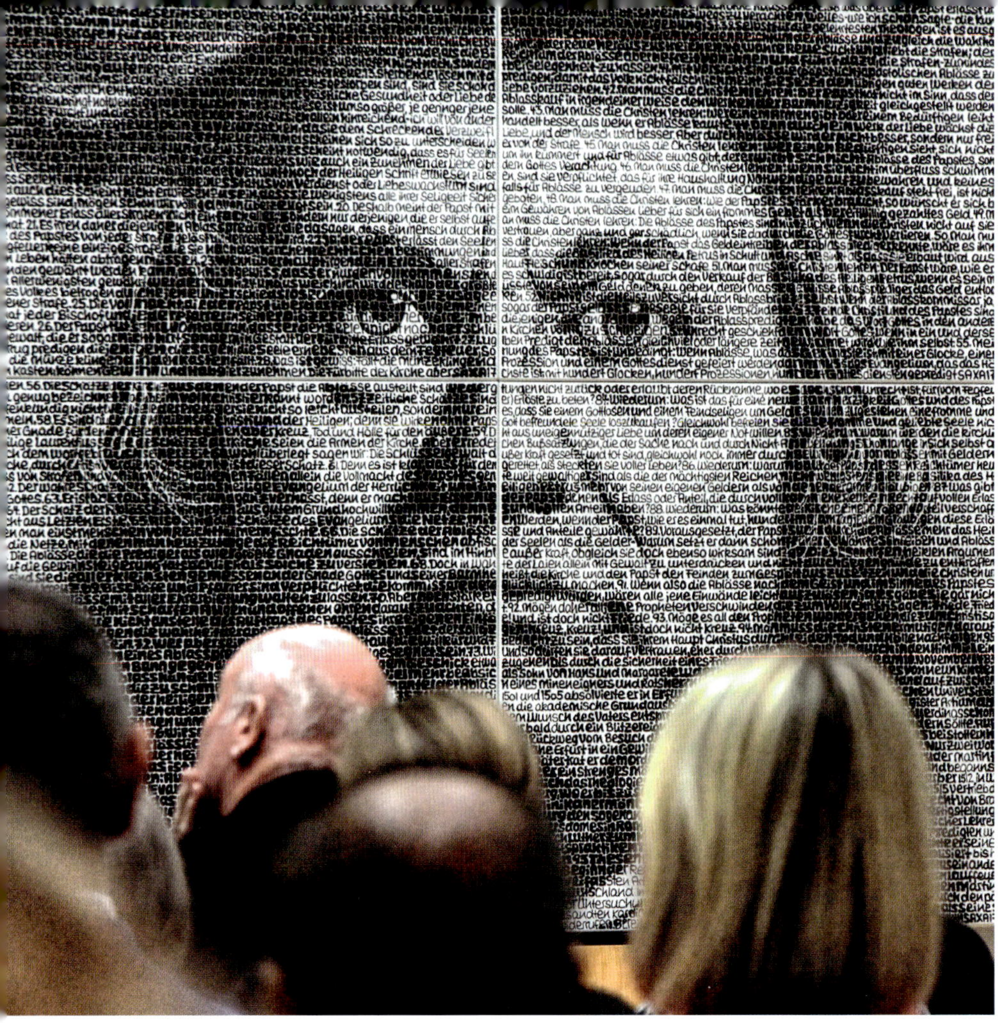

Jede Zeit hat ihr Lutherbild. Doch alle Bilder prägt eine gewisse Entschieden- und Entschlossenheit. Dabei zeigte sich der Reformator auch als unsicherer und suchender Mensch.

MACHT ODER LIEBE?

Es war 1520 und wohl aus purer Verzweiflung. Vergeblich hatte sich Martin Luther immer wieder an die Bischöfe gewandt, um sie von der Reformnotwendigkeit der Kirche zu überzeugen.

Nun schreibt er als letzte Rettung an die Fürsten: „An den christlichen Adel deutscher Nation von des christlichen Standes Besserung“, so der Titel. Der offene Brief wird zur Programmschrift der Reformation: Abschaffung des korrupten Kirchenstaates und des Zölibates. Dafür planvolle Armenfürsorge, Reform des Bildungswesens und sogar ein Stück Wirtschaftspolitik, nämlich der Kampf gegen den aufkommenden Frühkapitalismus.

Im Mittelpunkt von Luthers Schrift steht eine tiefe theologische Einsicht, die damals eine gewaltige Provokation war: Durch die Taufe sind alle Christen „geistlichen Standes“. Das heißt, Luther fällt die im Mittelalter fundamentale Unterscheidung zwischen Klerikern und Laien. Kein Mensch ist für Luther mehr oder weniger heilig. Jeder Mensch, ob Papst, Fürst, Bauer oder Magd kann grundsätzlich dieselbe Nähe zu Gott haben.

Das sogenannte „Priestertum aller Gläubigen“ wird zu einem protestantischen Kernsatz. Das Verständnis vom Priester unterscheidet evangelische und katholische Kirche bis heute, auch wenn es, so sagen immer mehr Theologen, kein Grund für eine Kirchentrennung sein muss. Was aber längst wieder gemeinsames Bekenntnis aller christlicher Kirchen ist, ist die biblische Einsicht: Jeder Mensch hat den gleichen Wert unabhängig von Herkunft und Stand in der Gesellschaft. Und dieser Wert ist ihm von Gott geschenkt, unumkehrbar, und sichtbar durch das Zeichen der Taufe.

Rund 500 Jahre später ist diese Sicht wieder neu eine Provokation, zumindest eine kritische Anfrage an jeden in unserer Leistungs- und Ellbogengesellschaft: Was macht mir mein Leben und das meiner Mitmenschen wertvoll: Geld und Macht oder Liebe und Barmherzigkeit? Für Luther im Jahr 1520 war die Antwort eindeutig.

Glocken läuten für den Frieden. Diese Botschaft schwingt immer mit, wo immer sie auf der Welt erklingen, auch hier in meiner Lutherkirche in der Bonner Südstadt.

FRIEDENSGLOCKEN

„Überall läuten die Glocken. Es ist wie ein Traum, der Krieg ist vorbei", schreibt ein französischer Soldat „kaum fassbar glücklich" am Ende des 1. Weltkriegs nach Hause.

„Das war eine furchtbare Zeit", heißt es im Brief eines deutschen Soldaten, vielleicht nur wenige 100 Meter entfernt von der anderen Seite der Front, an seine Verlobte. „Vor uns das Grau der tödlichen Gräben. Das Zischen der Granaten liegt noch in der Luft. Doch jetzt ist Schweigen, Gott sei Dank!"

An der Front gibt es keine Gewinner, nur Überlebende. Krieg ist die Hölle für alle, die ihn erleben müssen. Krieg ist unvorstellbar für alle, die ihn nicht erlebt haben. Und nach dem Krieg steht immer der Satz „Nie wieder!" Daran erinnern wir uns an diesem Wochenende:

Volkstrauertag, der Gedenktag an alle Kriegstoten und Opfer von Gewaltherrschaften.

„Nie wieder Krieg!" Das klingt heute wie ein frommer Wunsch, fern der Realität. Nach 1945 sind weltweit wieder Millionen Menschen in kriegerischen Auseinandersetzungen gestorben. Nationalismus und Rassismus, die die Saat für den 1. und 2. Weltkrieg gelegt haben, sind auch mitten in Europa wieder auf dem Vormarsch.

Unaufhaltsam? Nein! Wir dürfen nur den Scharfmachern und Hetzern nicht das Feld überlassen. Auch nicht den vermeintlich Rationalen, für die Krieg wieder ein unvermeidbares Mittel der Politik ist. Ich glaube, dass die aller-, allermeisten Menschen in Frieden leben wollen. Das gilt für mich und meine Familie und für meinen Nachbarn ganz genauso.

Die Sehnsucht nach Frieden ist eine sehr alltägliche. Nur ist sie oft sehr still und leise. Zu still und leise. Darum ist es gut, dass an diesem Sonntag wieder überall die Glocken läuten. Sie rufen zum Gottesdienst am Volkstrauertag und erklingen, laut und deutlich, als Botschaft: Bewahren und pflegen wir den Frieden für die Menschen in unserem Land, in der Welt!

ENTSCHULDIGEN SIE!

„Ich muss mich entschuldigen“, höre ich mich sagen. „Habe ich doch einfach vergessen, an deinem Geburtstag anzurufen.“

Ich muss mich entschuldigen. Wie oft kommen einem diese Worte in ganz unterschiedlichen Zusammenhängen über die Lippen – mal bewusster, mal unbewusster. Wenn man nachdenkt über diesen Satz, merkt man, wie hohl er ist: Mich entschuldigen ... Kann ich das überhaupt? Mich selbst von Schuld freisprechen? Und dann auch noch „müssen“? Erst dem Anderen Missachtung oder Unheil bringen und dann auch noch die eigene Entlastung aufzwingen ...

Das ist doch nur so eine hingeworfene Floskel, mag man sagen. Doch ich meine es schon ernst mit dem Entschuldigen, denke ich. Aber die Wortwahl ist verräterisch. Dabei entspricht sie durchaus dem Zeitgeist. Der moderne Mensch ist selbstbestimmt. So kann er sich auch selbst erlösen, oder? Eine Bitte um Vergebung, gar Beichte oder Buße – das klingt doch irgendwie altertümlich und wenig alltagstauglich.

Aber warum, frage ich mich. Ist es am Ende die Angst, mit einer Bitte um Verzeihung, nicht gehört zu werden, sozusagen im Regen stehen zu bleiben? Lächerlich zu wirken? Sich angreifbar zu machen?

Die Bibel hat die wunderbare Zusage Jesu überliefert: „Wie ihr euch untereinander vergebt, so vergibt euch auch der himmlische Vater.“ Leben ist die Kunst der Vergebung. Und wer ernsthaft um Vergebung bittet, der wird auch erhört – im Himmel wie auf Erden. Doch die Ernsthaftigkeit fängt bei mir, bei der eigenen Wortwahl an: „Ich bitte um Entschuldigung“ zum Beispiel. Das klingt doch schon viel besser.

Ob der Fahrer dieses Auto im australischen Melbourne weiß, welche biblische Botschaft er mit seinem Müllwagen steuert? Im Englischen „Grace" schwingt so viel mehr mit als bei dem Wort „Gnade" im Deutschen: Verzeihung und Zärtlichkeit …

IN EWIGKEIT

Es ist eine beliebte Frage in Prominenten-Fragebögen: „Ihre größte Schwäche?“ Die Antwort, vielleicht ist Ihnen das auch schon aufgefallen, ist ganz oft dieselbe: „Ungeduld.“ Man könnte jetzt spekulieren, warum. Vielleicht ist das Bekenntnis zu Ungeduld angenehmer, als irgendeine wirklich verletzende Eigenschaft zu nennen. Tut das doch keinem richtig weh, außer dass es zwischen den Zeilen die latent selbstgerechte Botschaft in sich trägt: In der Regel ist meine Umwelt langsamer als ich.

Ich finde allerdings, Ungeduld ist eine große Schwäche. Und dieser Sonntag erzählt davon, dass es auch anders geht. Es ist der Ewigkeitssonntag, der letzte Sonntag im Kirchenjahr vor dem 1. Advent, auch bekannt als Totensonntag oder Christkönig. Wer an die Ewigkeit glaubt, lernt Geduld. Denn wir können nicht überschauen, welchen Zeitraum sie umfasst. Sie ist eben ewig.

Manche Ewigkeitspredigt klingt allerdings nach Trostpflaster für die Unglücklichen und Entrechteten hier auf Erden. Damit ist Ewigkeit nach christlichem Verständnis gesehen gänzlich missverstanden. Wenn wir am Ende unseres Glaubensbekenntnisses beten „in Ewigkeit. Amen“, dann hat das Wirkung hier und heute: Zum einen schenkt mir der Glaube an die Ewigkeit innere Ruhe. Ich muss nicht jetzt und sofort alles erleben, auf Teufel komm raus meine Zeit füllen, andere bedrängen und stets das Optimale für mich herausschlagen. Auch wenn das Leben auf Erden traurig genug mit dem Tod endet.

Zum anderen gibt die Aussicht auf den weiten Horizont der Ewigkeit mir Kraft und Phantasie, hier auf Erden etwas zum Guten zu bewegen. Denn er verbindet sich mit dem Vertrauen: Ich lebe nicht zufällig hier, sondern bin von Gott gewollt. Und ich stehe unter seinem Schutz.

Ewigkeit ist somit wie ein Schild am Straßenrand meines Lebens, das mich darauf hinweist: Ich darf mich gehalten wissen an Gottes Hand und mein Leben begreifen weit über das hinaus, was ich denken kann. Ungeduld weist da genau in die falsche Richtung.

Kleiner Botschafter der Ewigkeit: Zärtlicher Engel auf dem Inselfriedhof auf Spiekeroog.

Immer wieder neu und gut für mich als ein Ort der Besinnung und zur Dankbarkeit für das Leben: ein Friedhof an sonnigen Tagen.

ZEIT ZU TRAUERN

Es war eine kurze Meldung in der Zeitung: In Ost-Indien ist ein Zug mit einem Elefanten kollidiert und das Tier dabei gestorben. Seitdem kehrt die Herde immer wieder an den Unglücksort zurück.

Die 15 Dickhäuter blockieren dabei die Gleise und bringen den Bahnverkehr zum Erliegen. „Elefanten trauern" lautet die Überschrift. Und sie wollen ihrer Trauer anscheinend einen Ausdruck geben.

Die Meldung aus Indien rührt mich an. Zugleich stelle ich fest, dass in unserer Gesellschaft immer weniger Platz ist für Trauer. Wenn früher Menschen starben, gingen Angehörige ein ganzes Jahr in Schwarz. Denn Trauern braucht Zeit. Das Sechswochenamt und das Jahrgedächtnis der katholischen Kirche schöpfen aus dieser Erfahrung. – Heute erwartet die Arbeitswelt, dass Menschen, die einen nahen Angehörigen verloren haben, schnell wieder funktionieren. Wer länger als zwei Wochen traurig ist, erscheint depressiv, also krank, und muss sich rechtfertigen. Dazu passt auch, dass sich immer mehr Menschen wünschen, anonym und ohne Erinnerungsort bestattet zu werden. Wer tot ist, ist weg aus unserer Welt. Das Leben muss weitergehen, heißt es.

Das soll es auch. Aber die Zeit des Trauerns gehört dazu. Gerade nach christlichem Verständnis. Denn auch wenn ich glaube, dass der Tod nicht das Ende ist, er ist doch eine tiefgreifende, oft schmerzhafte Zäsur.

Die stillen Tage im November laden zum Gang über den Friedhof ein. Ich möchte sie nutzen und an Menschen denken, die mir wichtig sind und bleiben. Ich möchte mir die Zeit nehmen nachzudenken, dass auch mein Leben begrenzt ist. Und ich bin froh, dass ich das nicht im stillen Kämmerlein mit mir alleine ausmachen muss, sondern dass Nachdenken, Gedenken und Trauern einen öffentlichen Ort haben. All das gehört zum Leben dazu. Und unsere Gesellschaft ist gut beraten, nicht nur Elefanten, sondern auch uns Menschen dafür Raum und Zeit zu geben.

Eine Kerze brennt schon einmal, allerdings nur zur Probe am Adventsbasar. Hier kommen die Generationen ins Gespräch. Doch das ist ein guter Beginn für den Advent.

EIN LICHT ANZÜNDEN

Wie schön ist es, eine Kerze anzuzünden. Gründe gibt es viele. Von dem Wunsch nach einer heimeligen Stimmung bis zum Dank für etwas Besonderes oder der Bitte für einen Mitmenschen. Es geht öffentlich in einer Kirche genauso wie zu Hause.

Alle diese Gedanken spielten eine Rolle, als der Theologe und Erzieher Johann Hinrich Wichern vor 180 Jahren in Hamburg den Adventskranz erfand. Sein erster Kranz war ein Wagenrad mit damals sogar 24 Kerzen, für jeden Tag eine, um Straßenkindern des beginnenden Industriezeitalters die Zeit bis Heiligabend nahezubringen.

Kerzen tauchen unsere Welt in ein anderes Licht. Das war die Botschaft Wicherns: Der Advent weiß um das Finstere in jedem Leben und verbindet es mit der Hoffnung. Anders als neongrelle Beleuchtungen lassen Kerzen ihre Umwelt im Dunkeln, fokussieren sich auf den Bereich, der ihnen nahe ist. Kerzen haben etwas Seelsorgerliches. Das Licht stellt keinen bloß.

Kerzenlicht kann schmeicheln. Es ist ein mildes Licht, ein warmes. Wicherns Wochentags-Kerzen waren rot. Nur die sonntäglichen festlich weiß. Rote Kerzen sind besonders warm. Für Wichern lässt der flackernde Kerzenschein etwas spüren vom Geheimnis der Menschwerdung Gottes in Jesus Christus und der Liebe Gottes. Das Licht der Kerze entsteht, indem das Wachs verbrennt, so verzerrt sich auch die Liebe Gottes für die Menschen.

Kerzen laden ein zur Meditation. Nicht nur im Christentum, auch im Judentum und anderen Religionen. Jede brennende Kerze kann so etwas sein wie ein Gebet: ein Dankgebet, eine Fürbitte für einen Kranken, für einen Menschen in einer Prüfung, für Frieden, Gerechtigkeit und Bewahrung der Schöpfung.

Ich möchte mir jetzt im Advent die Zeit nehmen, immer wenn ich eine Kerze auf dem Adventskranz anzünde, eine solche Bitte in den Himmel zu schicken. Damit es heller und wärmer wird in mir, und ich glaube auch bei dem Menschen, an den ich dann denke.

Faszination Advent: Kinder leben und lieben die Vorfreude auf Weihnachten unmittelbar. Ich lasse mich gerne davon anstecken.

ZUM ADVENT: EIN MÄRCHEN

Es war ein König, der hatte zwei Söhne. Und er wurde alt und musste sich entscheiden, wer sein Nachfolger werden sollte. So rief er seine Söhne zu sich, gab jedem fünf Silberstücke und eine Aufgabe: „Versucht mit diesem Geld bis zum Abend etwas zu kaufen, was die große Empfangshalle in meinem Palast füllt."

Fünf Silberstücke sind viel Geld – aber eine große Halle damit füllen? Etwas ratlos zogen die beiden los. Der eine kam an einem Feld vorbei, auf dem die Arbeiter dabei waren, Zuckerrohr zu ernten und in einer Mühle auszupressen. Das ausgepresste Zuckerrohr lag nutzlos herum. Das war die Gelegenheit! Für fünf Silberstücke kaufte der Sohn alles, ließ die nutzlosen Stangen in den Palast bringen und füllte mit ihnen die Halle bis unters Dach. „Ich habe meine Aufgabe erfüllt", sagte er stolz zu seinem Vater. „Mach mich zu deinem Nachfolger!"

Der Vater sprach: „Noch ist nicht Abend. Lass uns auf deinen Bruder warten." Der kam dann, als gerade die Sonne untergegangen war, und bat darum das ausgedroschene Zuckerrohr wieder aus dem Haus zu schaffen. Dann stellte er mitten in die Halle eine Kerze auf und zündete sie an. Ihr Schein erhellte den ganzen Raum bis in den letzten Winkel.

Der Vater sprach: „Du wirst mein Nachfolger sein. Dein Bruder hat mit fünf Silberstücken die Halle mit nutzlosem Zeug gefüllt. Du hast nicht mal ein Silberstück gebraucht und sie mit Licht gefüllt. Du hast sie mit dem gefüllt, was die Menschen brauchen."

Eine Geschichte zum Advent: Bringen wir Licht in unsere Welt, vor allem zu den Menschen, die im Dunkeln sitzen. Die Geschichte ist für mich aber auch wie ein Gleichnis zur Geschenkeauswahl für Weihnachten. Wer steht nicht in der Gefahr, nutzloses Zeug zu kaufen, nur einfach, um etwas gekauft zu haben. Wie schön und wirkungsvoll sind Geschenke, die persönlich sind und etwas zum Leuchten bringen. Und wie weise und hilfreich ist dabei die Einsicht: Weniger ist oft mehr.

AN DER KRIPPE

Wenn jetzt die Vorbereitungen für Heiligabend beginnen, hole ich bei uns zu Hause die Krippe aus dem Keller. Dann nehme ich die Figuren in die Hand und überlege jedes Jahr: Wer ist mir besonders wichtig?

Ich glaube, dieses Mal ist es Josef. Er hat den Blick leicht gesenkt. Unter seinem breiten Hut sind seine Gesichtszüge kaum zu erkennen. Auch in der Weihnachtsgeschichte im Lukasevangelium ist er eine Randgestalt. Er hat keine Erleuchtung wie die Hirten oder die Weisen aus dem Morgenland. Er hat keine großartige Verheißung wie Maria. In vielen Krippen steht er deshalb wohl auch mehr im Hintergrund und wirkt anders als Maria fast wie ein Statist.

Dieser Josef kann einem als kritischen Zeitgenossen aber durchaus nahe sein, wenn einem das folkloristische Szenarium rund um so manches Krippenspiel eher fremd ist.

Dieser Josef ist für mich fast so etwas wie der Protestant an der Krippe. Er hat kein Weihrauch, keine Myrrhe mitzubringen. Er hat nur das Wort als Orientierung. Die alte Geschichte aus der Bibel von dem Messias, der sich ankündigt und die Welt verändern will. Das Wort des Engels, der ihm im Traum erscheint, und Mut macht anzunehmen, was erst einmal nicht seines ist.

Josef hadert. Josef zweifelt. Hätte man ihn vorher gefragt, er hätte auf all das rund um Bethlehem bestimmt liebend gerne verzichtet. Was soll dieser karge Stall? Der Besuch dieser Hirten? Was hat das mit Gott zu tun? Es ist würdelos, unwirtlich, wie das Leben leider manchmal ist. Was gibt es da zu glauben?

Manchmal ist der Glaube eine Nummer zu groß. Manchmal muss man handeln, als wenn es wahr wäre – und dann schauen, was passiert. Genau das tut Josef. Er schützt Mutter und Kind. Und auf einmal spürt er, dass er nichts Besseres hätte tun können!

Josef an der Krippe, das ist wie eine Mutmachgeschichte für das Leben. Gerade, wenn es fragwürdig ist und schwer. Gut, dass der Josef da steht.

Krippen feiern Renaissance, sei es modern oder die schöne alte von Oma und Opa. Das Jesuskind und Maria sind auch hier im Fokus des Betrachters. Josef, wie so oft, eher still am Rande – dabei ist er mir auf seine Art besonders nah.

WEIHNACHTEN?

Fast jedes dritte Kind in Deutschland weiß laut einer Umfrage nicht so recht, was wir an Weihnachten feiern. Leckeres Essen, den Weihnachtsmann, dass es Geschenke gibt, dass Oma kommt, dass Winter ist ...?

Also, jetzt sind Sie, liebe Eltern und Großeltern, gefragt, die Feiertage zu nutzen und ein wenig zu erzählen: Davon, dass wir Weihnachten feiern, weil Jesus geboren ist. Dass Gott in unsere Welt gekommen ist, um das Leben zu verändern, das Leben der Hirten und all der Menschen, die am Rande der Gesellschaft leben. Der Menschen, bei denen es dunkel ist, weil das Geld wenig ist oder die Hoffnung schwach.

Von dem Stern über der Krippe, der allen leuchtet, keinen ausgrenzt, der alle zusammenführt: die Tiere (Ochse und Esel) und die Menschen, die Fremden und die Nahen, weise Könige und einfache Schafhüter. Davon, dass wir seit Jesu Geburt an einen Gott glauben dürfen, der nicht fern über allem schwebt, sondern uns Menschen ganz nahe sein möchte. Gerade da, wo wir ihn nicht erwarten, wie in einem brüchigen Stall in Bethlehem.

Und wenn ich mit einfachen Worten, vielleicht die Krippe unter dem Tannenbaum vor Augen, die Weihnachtsgeschichte aus dem Lukasevangelium erzähle, dann spüre ich auf einmal: Wie gut tut es, diese Geschichte alle Jahre wieder zu hören. Und dass sie nicht nur eine Geschichte ist für Kinder, sondern auch mit mir zu tun hat. Mit meiner eigenen Sehnsucht nach erfülltem Leben, nach Frieden, nach Gerechtigkeit und nach Gemeinschaft.

Genau, Weihnachten stiftet Gemeinschaft. Das wünsche ich mir. Und darum gehört zu Weihnachten auch das gemeinsame Essen. Aber das weiß ja jedes Kind.

Krippenspiel an Heiligabend: Was feiern wir an Weihnachten? Eine Kinderfrage gibt Anstoß zum Nachdenken …

Wie mache ich Weihnachten zu meinem Fest? Wer immer diese Schaufensterscheibe gestaltet hat, er oder sie zeigt, dass es geht.

ALLE DABEI!

Heiligabend, Krippenspiel: Jeder bekommt eine Rolle. Ja, wirklich, jeder und jede. Sie auch, liebe Leserin, lieber Leser. Denn reine Zuschauer sind in der Weihnachtsgeschichte der Bibel nicht vorgesehen.

Wem Maria oder Josef zu bedeutend ist, der könnte die Rolle der Stalllaterne übernehmen. Eine Nebenrolle, aber nicht zu unterschätzen. Denn sie leuchtet anderen den Weg zur Krippe, zur Kirche, zum Gottesdienst. Voraussetzung ist eigentlich nur ein wenig Überzeugungskraft, jemanden zum Beispiel im Hausflur oder in der Nachbarschaft zu gewinnen, mit in die Christvesper zu kommen.

Zu besetzen sind auch immer Schafe. Auch das ist keine schwere Rolle, denn Schafe müssen in der Weihnachtsgeschichte nicht viel machen. Sie laufen ihrem Hirten hinterher, spüren einfach nur die Atmosphäre der heiligen Nacht, schnuppern sozusagen am Duft von Frieden. Das ist nicht schwierig, aber auch nicht folgenlos. Denn was ich einatme, das atme ich wieder aus. Wer sich von Weihnachten inspirieren lässt, lässt das auch seine Umwelt spüren.

Gesucht wird noch ein Ochse, der seine Futterkrippe räumt, damit ein fremdes Kind darin Platz findet. Also einer, der bereit ist, abzugeben vom eigenen Besitz und gerne teilt, auch mit solchen, die er gar nicht kennt.

Und natürlich immer gefragt: Engel. Also Menschen, egal ob mit oder ohne Flügel, mit dem Mut, die schönen Lieder anzustimmen und anderen vorzusingen, die davon noch nie so recht gehört haben. Die Lieder von Bethlehem von unverdrossener Sehnsucht, von Vergebung und Neuanfang. Es sind auch und in diesen Tagen besonders Protestlieder gegen Gewalt und Terror, wo immer auf der Welt! Es sind Lieder vom Leben und wie es gelingt.

Ich wünsche Ihnen, dass sie Weihnachten in eine Rolle schlüpfen können, in der Sie Heiligabend mitspielen können. Denn damit machen Sie dieses Fest zu ihrem Fest. Zuschauen ist wie gesagt nicht vorgesehen. Mitmachen ist angesagt. Bühne frei! Gesegnete Weihnachten!

WARUM SICH MENSCHEN EINEN „GUTEN RUTSCH“ WÜNSCHEN

„Einen guten Rutsch“ können wir uns in diesen Tagen wieder gegenseitig wünschen. Ein guter Wunsch, finde ich, denn das Leben wird auch im neuen Jahr – dafür muss man kein Prophet sein – an vielen Stellen und Tagen rutschig und unsicher werden. Aber ist das mit dem gewünschten guten Rutsch überhaupt so gemeint? Wahrscheinlich doch eher eine nette Floskel.

Seinen Ursprung hat diese Redewendung ganz woanders. „Rosh Shana“ heißt der erste Tag des Jahres im Hebräischen. „Rosh“ bedeutet Kopf, Haupt und davon abgeleitet Erster und Anfang. „Shana“ ist das Jahr. Im Jiddischen, der Sprache der jüdischen Mitbürgerinnen und Mitbürger in Mittel- und Osteuropa, wird aus dem Rosh ein Rutsch. Sich einen guten Rutsch wünschen, heißt somit nichts Anderes, als sich einen guten Anfang wünschen. Und der ist natürlich gesegnet, wie alle guten Anfänge nach jüdisch-biblischem Verständnis von Gott gesegnet sind.

Der Rutsch hat also wenig zu tun mit einer Schlitterpartie. Das ist mir ganz sympathisch, denn so eine Rutschpartie geht den Gesetzen der Schwerkraft folgend tendenziell bergab. Da ist mir der gute Anfang mit Gottes Segen doch lieber, weil er die Möglichkeit offenlässt, dass sich etwas nach oben entwickelt. Dass nicht nur alles irgendwie den Berg oder Bach runtergeht, sondern dass etwas Gutes wächst und gedeiht. In diesem, bewussten Sinne: Ihnen und mir, unserer Stadt und unserem Land einen guten Rutsch!

Das Leben gleicht manchmal einer Rutschbahn, hart am Abgrund. Silvester ist auch der Dank, es dieses Jahr wieder geschafft zu haben. Was kommt im neuen Jahr?

Stichwortverzeichnis

Bibelstellenverzeichnis

ALTES TESTAMENT

NEUES TESTAMENT

ZUM AUTOR

JOACHIM GERHARDT

- Jahrgang 1967
- Presse- und Gemeindepfarrer in Bonn,
- Journalist, Autor von Büchern
- und regelmäßig zu hören mit Beiträgen und Sendungen im WDR und auf Radio NRW.

Bernd Becker (Hg.)

Die getanzte Kollekte

100 kurze Geschichten
zum Lesen und Vorlesen

216 Seiten, Paperback
Format 12,5 x 19,0 cm
16,95 Euro
ISBN 978-3-7858-0751-4

Zwischen Konfi-Stunde und Posaunenchorprobe noch rasch eine Kurz-Andacht schreiben? Da ist jeder Haupt- und Ehrenamtliche froh, ein paar pfiffige Anregungen parat zu haben. Ein Wachrüttler vor der Predigt, ein Gedankenanstoß zum Wochenspruch – dieses praktische Lese- und Erzählbuch bietet handverlesene Geschichten fürs ganze Kirchenjahr. Außerdem: Alle Texte sind mit den Wochensprüchen der neuen Perikopenordnung verknüpft.
Die Autorinnen und Autoren sind allesamt Redakteure der evangelischen Wochenpresse.

Luther-Verlag

Cansteinstr. 1
33647 Bielefeld

Telefon: (05 21) 94 40 1 37
Fax: (05 21) 94 40 1 36
E-Mail: vertrieb@luther-verlag.de
Internet: www.luther-verlag.de

Bibliographische Information der Deutschen Nationalbibliothek
Die Deutsche Nationalbibliothek verzeichnet diese Publikation in der Deutschen Nationalbibliographie; detaillierte bibliographische Daten sind im Internet über http://dnb.d-nb.de abrufbar.
ISBN 978-3-7858-0792-7

Umwelthinweis:
Dieses Buch wurde auf chlorfrei gebleichtem Papier gedruckt.

Umschlaggestaltung: tiefschwarz und edelweiß, Hagen (www.tsew.de)
Satz: Luther-Verlag GmbH, Bielefeld
Bilder: © Alle Fotos Joachim Gerhardt, außer S. 10 (Christian Oeser), S. 41 (privat/Zylka), S. 51 (Andreas Schneider), S. 73 und 109 (Meike Böschemeyer), S. 75 (EKD), S. 91 (DGzRS), S. 149 (Ulrich Püschmann)
Druck und Bindung: Print Best OÜ, Viljandi
Printed in Estland